普通高等教育"十一五"国家级规划教材
新世纪高等学校德语专业本科生系列教材 / 总主编 卫茂平

本书获"浙江大学优势本科专业（群）系列教材建设项目"支持

德语金课子系列 / 总主编 李媛

中国文化阅读教程

LESEN UND ERZÄHLEN: DAS ALTE CHINA

古代篇

主编 | 朱自力
编者 | [德]罗明霆（MARTIN RUHLAND）
[德]闵非凡（PHIL MIELENZ）

上海外语教育出版社
外教社 SHANGHAI FOREIGN LANGUAGE EDUCATION PRESS

图书在版编目(CIP)数据

中国文化阅读教程. 古代篇 / 朱自力主编 ; [德] 罗明霆, [德] 闵非凡编. -- 上海 : 上海外语教育出版社, 2024

新世纪高等学校德语专业本科生系列教材. 德语金课子系列

ISBN 978-7-5446-8233-6

Ⅰ. ①中… Ⅱ. ①朱… ②罗… ③闵… Ⅲ. ①德语—阅读教学—高等学校—教材 Ⅳ. ①H339.37

中国国家版本馆CIP数据核字(2024)第104612号

出版发行：**上海外语教育出版社**

（上海外国语大学内） 邮编：200083

电　　话：021-65425300 (总机)

电子邮箱：bookinfo@sflep.com.cn

网　　址：http://www.sflep.com

责任编辑：陈　懋

印　　刷：上海信老印刷厂

开　　本：787×1092　1/16　印张 13.25　字数 322 千字

版　　次：2024年9月第1版　2024年9月第1次印刷

书　　号：ISBN 978-7-5446-8233-6

定　　价：58.00 元

本版图书如有印装质量问题，可向本社调换

质量服务热线：4008-213-263

总序

“知者行之始，行者知之成。”党的二十大对我国社会主义建设的各个方面，总结了经验，发出了新的“执政宣言”，提出要把教育、科技、人才作为全面建设社会主义现代化国家的基础性和战略性支撑，再次凸显教育在国家发展中的引领作用。在此背景下，进一步加强外语人才的培养，满足国家在全球治理中对于各类外语人才的迫切需求，当为高校外语教材建设义不容辞的责任。

德语虽非被最广泛地使用的外语，但在外语教育领域自有其特殊地位。且不说德语国家在世界政治、经济和文化等各个领域的地位和影响力，德国还是马克思的祖国，德语又是马克思的母语。培养一大批研习并熟练掌握德语的学子，对于我们社会主义建设事业的各个方面，始终有其特殊作用。

“新世纪高等学校德语专业本科生系列教材”，是上海外语教育出版社（外教社）为适应时代发展之新要求而组织编写的。项目整体 2003 年 12 月在外教社召开的“全国德语专业教学和教材研讨会”上，正式启动，以后不断推出和完善。它以德语综合教程为主，辅有阅读、语音、听力、视听说、口语、翻译、写作、语法、语言学、词汇学、文学史、文学作品选读、概况、文化史等众多课程，基本囊括全国高校德语专业教学大纲所涉课程类型或教学内容，其规模在我国德语教材编写史上，应属前所未有。

本套教材，分开用时，各有独立，能满足单门课程的特殊需要；合并起来，相辅相成，能实现我们德语专业本科教学的整体规划。

中国人学习德语，肇于何端，不便确考。倘若 1622 年来华的德国耶稣会会士汤若望（Johann Adam Schall von Bell）那时在传教之余，尚未备有讲义，讲授德语，那么，最迟从另一位德国耶稣会会士魏继晋（Florian Bahr）1748 年在北京编成《德文——中文词汇表》起，我国德语教材，已现雏形。一个年代，有一个年代的教材。谨以解放后为例。从 1956 年时代出版社、以莫斯科版“德语教科书”为蓝本的《大学德语课本》，到 1966 年商务印书馆、强调“阅读普通的政治、经济、对外贸易等方面的文章和进行日常会话”的《基础德语教材》，再到 1979 年同一出版社印行、奉行“政治，外语和文化知识的基本功”和“思想性、科学性和实践性”编写原则的《德语》教材，我们的德语教科书编写，走过了同新中国成立后同样坎坷而又辉煌的路程。尤其自上世纪80年代以来，随着社会的巨变，我国德语教材的编写，诸家勃兴，隽品迭起。

不过，经典尚不能当人类永恒的教诲，教材就更具时效的特点。以上列举德语教材编写史的荦荦大端，想彰显的，就是此理。故而，历史仍将推进，教材还得更新。目的是让我们的教学内容及手段，跟上时间步伐，让我们德语专业的学生，更富实效地学习德语、掌握日耳曼学的基本知识。不过，前人勋绩在上，我们绝无横空出世的愚妄，在此遵循的，是继往开来的原则。本系列教材的编写大旨所以是：继续贯彻目前外语本科的教学理念和教材的基本设想，强调听、说、读、写、译等语言基本功的训练；在课文的选篇、单元的构建、练习的设计等方面追随新的观念；引导学生在学习语言技能的同时，注重德语国家的优秀文化传统和思辨习惯，为培育良好的人文素质，提供导引；较系统地传授德语语言文学的学科基础知识，培养获取这些知识的能力；介绍德语国家历史文化的概貌并注意跨文化交际问题。

尤其值得指出的是，本套教材除纸质学生用书和教师用书等以外，核心教材将推出电子书版本，同时会根据需要配套必要的数字和多媒体教学资源，主干教材将依托数字出版平台，配备各种教学、学习和测评工具。

本系列教材由来自上海、北京、广州、南京、重庆、杭州等地多所大学、我国主要德语专业点的学者及骨干教师参与编写，力助而成。整个项目体现了良好的协作精神，以及共同推进我国德语本科教学的美好愿望。编者大多一再易稿，务期完善，但未始没有疏漏，也会留下瑕疵。敬请识者不吝指正。

党的二十大报告提出的一系列战略要求，都需要教育强国建设的支撑。而外语教育的发展，实为教育强国的重要组成部分。我们愿以“新世纪高等学校德语专业本科生系列教材”的编写，在我国深化文明互鉴、拓展交流渠道、丰富合作内容、推动构建人类命运共同体等方面，做出自己微薄的贡献。

卫茂平

2023 年 5 月修改于上海外国语大学

子系列总序

党的二十大报告指出，要“增强中华文明传播力影响力。坚守中华文化立场，提炼展示中华文明的精神标识和文化精髓，加快构建中国话语和中国叙事体系，讲好中国故事、传播好中国声音，展现可信、可爱、可敬的中国形象。加强国际传播能力建设，全面提升国际传播效能，形成同我国综合国力和国际地位相匹配的国际话语权。深化文明交流互鉴，推动中华文化更好走向世界”。

这是新时代对外语人的新要求，也是我们外语学习的新使命担当和新责任目标。

近日，我们在工作中需要引用杜甫的诗句：“安得广厦千万间，大庇天下寒士俱欢颜！风雨不动安如山。”人工智能翻译给出的建议是这样的：“Tausend Gebäude in Frieden, die alle armen Menschen der Welt in Freude beherbergen! Wind und Regen werden sich nicht bewegen, als ob es ein Berg wäre.”这其中有两处明显的错误：“安”是一个疑问词，表示“如何、怎样”，AI 将其理解为“安全”，所以错翻成“Frieden”；“风雨不动”是描述房屋不受风雨侵袭，AI 将其理解为“风和雨都是静止的”，错翻成“sich nicht bewegen”。

对 AI 我们不能过分苛责，但是该译文经过硕博士研究生、中国教师和德国专家的层层审核把关，都未能被发现上述翻译问题。尽管德语译文从内容、逻辑到语法似乎都是正确的，可是问题出在大家没有正确理解杜甫的原诗。

以上案例暴露了我们外语专业学生常见的知识短板：忽视理解和认识本土文化的重要意义，中国文化素养薄弱，从而导致跨文化交际的失败。

作为外语教师，我们应致力于培养扎根中国，胸怀世界，具有家国情怀、国际视野、创新精神和综合素养的德语人才，着重提升学生的国情研判能力和跨文化能力。

作为外语学习者，我们应具有涵养中国主体文化意识、构建中国文化自信的自觉，发展综合研究和思辨能力、知识自我生成和创新能力，多元文化适应力和跨学科、跨领域、跨文化的竞争力。

对德语人才培养的新标准和新要求，德语学界也迅速作出回应，新教材和新课程纷纷涌现。我们也希望顺应时代大潮和社会需求，编写一套适应新时代新需求的，旨在培养学生的家国情怀和国际视野以及学习能力、实践能力、创新能力、跨文化能力等综合素养的教材，于是有了这套“德语金课子系列”教材。

最新制订的《普通高等学校本科德语专业教学指南》（2020 年）要求我们对德语专业人才的培养应实现三个等级的递进：德语语言应用、感知与接受、思维与创新。本套教材也相应分成四大模块：德语语言能力、德语文学文化学、德语专业方法论及中德文化传播，体现“更新迭代”“守正创新”“开天辟地”“以我为主”的特色。

1. 语言能力模块为传统的德语语言学习模块，从能力导向、中国元素及思维创新三大方面，按照金课“两性一度”的标准和课程思政的要求，对现有教材进行“更新迭代”。例如：《德语语音教程》（第二版）以德语诗歌和故事引入，以汉语成语和故事压轴，强调语言之桥梁功能，在新增“语桥”模块中大量融入中国传统文化；同时实施“语音美育”，通过新增“歌与舞”模块使学生感知到语言的节奏和美感，加强艺术与审美素养。《新编听力教程》和《新编口语教程》实施内容与语言融合式外语教学理念，在中德文明互鉴的框架下帮助学生在提高德语听说能力的同时，用德语去探索和思考，拓展视野并关注社会。

2. 德语文学文化学是传统的语言文学专业“文化学转向”后的新前沿，本系列建设的思路是：“守正创新”。《现代德语文学流派》按照新文科理念，在坚持文学本体学习的基础上，引导文科内部交叉，即文学与戏剧、文学与电影、文学与文化学融合，将现代文学流派问题纳入 20 世纪以来欧洲绘画、雕刻、建筑、音乐等多元艺术语境中思考，用马克思主义历史唯物论厘清历史和社会语境下的文学流派的动因机制，强调文学与其他文化艺术现象的交融渗透和相互影响，旨在拓宽学生的人文学科视野，培养其获取知识、分析文本、独立思考和思辨创新的能力。

3. 德语专业方法论方面的课程曾经长期未得到外语专业足够的重视，直至 2020 年才被《普通高等学校本科德语专业教学指南》列为德语专业核心课程。本套教材将“开天辟地”推出德语学术学习和德语学术研究方法方面的教材，在传统的德语学习中植入研究方法的学习，既培养学生的科学素养和研究能力；又加强语言学习本身的深度、广度和高阶性、前沿性，培养学生探究式学习与个性化学习的兴趣和能力。在夯实语言基本功的同时，拓宽国际视野、培养创新思维、涵养学术道德、加强规范意识、提升合作精神，体现新型德语学科的人文性和宽基础特色。

4. 中德文化传播力是新时代赋予外语人的新使命。本套教材坚持“以我为主”：《中国文化阅读教程：古代篇》《中国文化阅读教程：现代篇》和《中国文化阅读教程：文化遗产篇》聚焦于我国优秀的传统文化精神、现代科技进步以及文化遗产传承等内容的学习，通过与德国相应文化的关联对比，引导学生更加深刻地理解中国文化，让学生在成为“德国通”的同时，更是一个“中国通”。通过中德对比一方面开拓国际视野，培养跨文化思维，能够弘扬和传播中华优秀传统文化和现代文化，用德语讲好中国故事；同时也形成构建人类命运共同体所需要的情感、态度和价值观，发展全球胜任力，促进世界文明之间的互鉴。

我们在教材编写中，以价值引领为先，将价值塑造、知识传授和能力培养三者融为一体，将课程思政和落实立德树人根本任务贯穿教材编写的全过程，注重立足中国文化，融入中国元素，培养学生的中国意识和中国立场，加强学生的文化认同，培植文化自信，帮助学生塑造正确的人生观和价值观，兼具“中国情怀和国际视野”。

我们在教材编写中，强调德语专业人才在学科交叉、人文素养方面的综合能力培养，凸显德语专业人才应具备的“四种能力”，即：多语综合研究和思辨能力、知识自我生成和创新能力，多元文化适应力和跨学科、跨领域、跨文化的竞争力。新教材在语言学习中融入专业学习、方法学习和通识学习，既加强语言学习本身的深度、广度和高阶性、前沿性，同时又培养学生的人文素养、跨文化能力、研究能力、思辨与创新能力，体现本系列教材融合内容语言、培养综合能力、塑造可迁移能力的新理念。

本“德语金课子系列”纳入“新世纪高等学校德语专业本科生系列教材”（属普通高等教育“十一五”国家级规划教材），为浙江大学优势本科专业系列教材。由于新教材融入大量的中国元素，并且专设中外文化传播模块，也将同时成为中国的国际传播和德国人了解中国、学习中国文化的资料。

千淘万漉虽辛苦，吹尽狂沙始到金。

“德语金课子系列”这个名称既依据了教育部“两性一度”的金课标准，即高阶性、创新性和挑战度，同时也是我们建设这套系列教材的终极目标。我们期待各位读者通过勤奋刻苦的学习，与我们一起发掘教材中闪闪发光的中外文明思想和智慧。“语言的边界就是世界的边界”，希望本套教材能帮助同学们成为“会语言、通国家、精领域”的涉外人才，为人类文明互鉴和中华文明传播作出贡献。

李 媛

2023 年 9 月

于浙江大学

序

2023 年初夏，我在厦门大学讲学，远在杭州的同事朱自力先生告诉我，他和罗明霆先生（Martin Ruhland）、闵非凡先生（Phil Mielenz）编写的德文版《中国文化阅读教程：古代篇》要出版了，想请我写序言。三位学者热衷于中国文化传播，这份热情和勤奋让我感动，于是欣然命笔。

自力先生编写这部教材让我想起多年前的一件事。大概是 2016 年秋，德国学术交流中心（DAAD）开始资助柏林自由大学汉学系的学生前来浙江大学，与德语专业大学生“同堂研习”，两国年轻人相互学习语言，学习文化。我把这个项目称为文明互鉴的“中国学”，为当时由浙江大学首创的中国学项目增添了一抹绚丽的色彩。记得当时我请自力先生给这些学生上一门中德双语的“中国成语故事”课程，希望通过语言学习来传播成语故事中蕴含的中国古代优秀文化和中国文化价值观。不曾料想，自力先生的教学实践竟绽放出《中国文化阅读教程：古代篇》这么一朵鲜艳的花朵。

作为早已过了耳顺之年的中国学者，我算是日耳曼学的科班出身，一辈子与西学打交道，却很早悟得“知己知彼”的道理。上世纪 80 年代，我在德国读汉学第二主专业，最贪婪的就是去柏林伯德比尔斯基大街上的自由大学汉学系。自力先生的合编者闵非凡、罗明霆也曾就读于自由大学汉学系，算是我未曾谋面的学弟了。我当年研读中国文化经典，一是为了让德国教授和朋友更好地理解我那些在他们看来颇为费解的想法，二是想用德语告诉他们，中西文化其实有很大的契合性，两种文化碰撞后可能会有很多惊喜。许多年后发现，我的德国文学文化研究竟然都带有深深的中国文化印记，或许那叫“无心插柳柳成荫”。

朱熹说过，“问渠哪得清如许，为有源头活水来”。习近平同志也说过，“如果没有中华五千年文明，哪里有什么中国特色？如果不是中国特色，哪有我们今天这么成功的中国特色社会主义道路？”若要了解今天的中国，就要学习中国灿烂的古代文化。自力先生编写的这部德文教材实际上讲述了一个道理，今天我们新时代中国特色的社会主义道路之所以“水清如许”，那是因为有千年中华文化的“源头活水”不断地注入其中。

这部德语教程通过中国成语和典故，讲述中国文化中“名为邦本、为政以德”的道理，传达“修齐治平、兴亡有责”的家国情怀，弘扬“讲信修睦、亲仁善邻”的交往之道，“厚德载物、明德弘道”的精神追求，“天下为公、天下大同”的社会理想。我们学习西学的，应该首先学好中国自身的文化，只有这样才能学会怎样去讲好中国故事。其实马克思主义原来也是“西学”，当它与中国革命具体实践和中华优秀传统相结合了，方才筑牢了新时代中国特色社会主义道路的根基，只有这样，我们脚下的道路才有更加宏阔深远的历史纵深。“中国式现代化赋予中华文明以现代的力量，中华文明赋予中国式现代化以深厚的底蕴。”我想，自力先生的德文版《中国文化阅读教程：古代篇》的出版，无论于中国学习德语的大学生来说，还是对德国学习中国文化的年轻人而言，都是一件大好事，它是一本让我们知己知彼、温故知新，创建新的文化生命体的学习材料。

范捷平

2023 年 6 月 6 日

于厦门大学

编写说明

一、读者对象、编写原则和目标

《中国文化阅读教程：古代篇》（Lesen und Erzählen: Das Alte China）面向高等院校德语专业高年级的学生，尤其建议在大三第二学期和大四第一学期使用。

依据文明交流互鉴这一原则，我们力图用较为地道的现代德语和常用的表达方式讲述中国古代文化故事，目的在于希望学生在阅读德语课文的过程中，掌握一些有关中国文化的德语知识内容和德语表达方式，在完成阅读理解和训练语言综合能力以及语法的练习过程中，实现从输入到输出的转化，最终获得一定的口笔头表达能力；用德语讲好中国故事，为传播中华优秀传统文化打下扎实的一步，做到文化自信，同时提高自己的外语水平。

二、教材结构

本教程共编有 8 个单元，每单元一般含有 4-6 篇课文。

课文选材广泛，既有大家比较熟悉的故事，也有一部分新的内容。课文所体现精神内核既有现代社会倡导的核心价值观，也包括中华民族的传统价值观，两者相辅相成，互为补充，例如第一单元体现了敬业、自强不息与虚心学习的精神；第二单元为爱国；第三单元为友善与友谊；第四单元为公正；第五单元为人际关系，有团结互助，也有尊老爱幼；第六单元为和谐；第七单元的主题为中国传统节日，包括感恩与祝福等人的情感；第八单元为前事不忘，后事之师。

每个单元分为三个部分，三个部分的内容编排和教学建议详见下文。单元末编有词语表（Vokabelliste），收入每篇课文的主要单词和惯用语，一般采用单语（德语）解释，个别词语也附有双语（德语和汉语），方便学生识记和理解。

三、教学设计和建议

全书共分 8 个单元，设计为 64 课时。若每周（注：以一学期 16 个教学周计）开设 4 个课时，可供一个学期使用；若每周 2 个课时，则可供一个学年使用。教材为模块化设计，教师也可以根据学校、院系和学生的实际情况灵活选取合适的教学内容。具体教学建议如下：

模块一为课文 1（授课时长建议：2 课时）

1. 学生课前预习相关词汇表。
2. 学生自行阅读课文 1，独立完成该模块的所有练习。如有困难，可结对完成练习。教师在课堂上进行辅导和答疑。
3. 学生须完成前半部分的语言输入练习，师生可自由选做后半部分的语言输出练习。
4. 练习形式不拘，可采取线下或线下和线上相结合的方式，但所有学生须将作业提交到学习平台上，或者上传到社交工具（如微信、钉钉或 QQ 等）中的本课程群，便于教师批阅和学生之间相互讨论与学习。

模块二为课文 2 和课文 3（授课时长建议：4 课时）

1. 师生共同阅读课文 2，建议用 2 个课时处理课文 2，并完成配套的阅读理解及其他各种能力拓展练习；可采用结对形式完成练习，其中须完成前半部分的语言输入练习；后半部分的总结、缩写、讨论或演讲等语言输出练习可供师生自由选做。
2. 师生共同阅读课文 3，建议用 2 个课时处理课文 3，并完成配套的阅读理解及其他各种练习题；可采用分组形式完成练习，主要任务是完成后半部分的总结、缩写、讨论或演讲等语言输出练习；前半部分的语言输入练习则供师生自由选做。
3. 本书信息量大，师生可根据实际需要选用。使用时应注意课文 / 故事的完整性，如第 2 单元的课文 1 和 2，第 3 单元的课文 3 和 4 均节选自同一个故事。

模块三为课文 4（授课时长建议：2 课时）

1. 学生课前预习词汇表。
2. 学生集体阅读课文 4，共同完成练习。一个班人数过多，最多可分成 2 组。教师在课堂上进行必要的辅导和答疑。
3. 学生集体完成后半部分的总结、缩写、讨论或演讲等语言输出练习；前半部分的语言输入练习则供选用。
4. 该课文 4 也可供学生课外使用，主要任务是完成输出练习。另外，师生也可使用学习平台或其他媒体进行交流。

项目任务（Projektaufgabe）

教材每 2 个单元编有一个项目任务，用于检查学生对语言综合能力的掌握情况。全书共有 4 个项目任务，其中项目任务 1 考查学生的演讲能力，即用 2 至 5 分钟根据要求进行论理表述或故事讲述；项目任务 2 考查学生的团队合作表达能力和灵活设计活动的能力，即在分组中根据要求进行问答环节设计并细化；项目任务 3 考查学生的情景表达和角色扮演能力，即在分组中顺畅表达自己对某事物的看法或运用自身的想象力构建一个人物故事；项目任务 4 考查学生对中国古代故事的挖掘和创新能力，即通过重新思考中国古代故事的现实意义并向公众进行传播。

本教材在编写和试用过程中得到了浙江大学外国语学院以及德国学研究所与德国文化研究所的大力支持，在此表示衷心的感谢，尤其感谢李媛教授、范捷平教授、沈国琴教授和朱更生先生的帮助。

2023 年 06 月

编者

目录

Inhaltsverzeichnis

01

„Konfuzius sagt …“ – einige Lehren des Großmeisters

1 Unvollkommen ist der Weg zur Perfektion

1 Konfuzius war ein berühmter Denker und Lehrer im alten China, sowie der Begründer der konfuzianischen Philosophie. Zahlreiche Schüler folgten ihm und viele von ihnen wurden so bekannt, dass sie es sogar in die Geschichtsbücher schafften. Die Schüler waren alle sehr unterschiedlichen Charakters, doch klug und fleißig waren sie allesamt. Manche gehörten zum engeren Kreis, denn sie verbrachten viel Zeit an der Seite ihres Meisters und fachsimpelten mit diesem über die Lehren sowie über Kunst und Musik. Zu ihnen gehörte auch Zilu.

2 Eines Tages spielte Zilu im Haus des Konfuzius auf der Zither. Zilu war ein strammer Bursche, so dass man sich bei seinem kraftvollen Zitherspiel unvermittelt vorstellen musste, man befände sich mitten im Gefecht an der nördlichen Front zwischen schreienden und tötenden Kriegern. Als Konfuzius ihn spielen hörte, war er nicht begeistert und rügte ihn: „Musst du ausgerechnet in meinem Hause ein derartiges Stück spielen?" Eigentlich plädierte Konfuzius in seinen Lehren nämlich stets für Güte und den Weg von Maß und Mitte, und diese Komposition erschien ihm nur wenig friedlich.

3 Als die anderen Schüler von Konfuzius' Kommentar zu Zilus Zitherspiel hörten, verlor Zilu schlagartig an Ansehen. Nicht nur warfen die anderen ihm abschätzige Blicke zu, sondern sie zerrissen sich auch hinter seinem Rücken die Mäuler.

4 Konfuzius, der den veränderten Umgang unter seinen Schülern bemerkt hatte, fürchtete, für ein Missverständnis gesorgt zu haben und er erklärte den Schülern auf poetische Weise: „Er hat die Halle schon betreten, doch die Kammer ist ihm noch verschlossen." Damit wollte Konfuzius sagen, dass Zilu sich schon solide Grundkenntnisse in Sachen Zitherspiel aneignen konnte, er jedoch noch keine Perfektion erlangt hatte.

5 Dank Konfuzius' Erklärung konnten die anderen Schüler sich ein neues Bild von Zilu machen und sie legten ihre Abneigung gegenüber ihm ab.

Aufgaben

a) Lesen Sie den Text. Was passt zusammen? Verbinden Sie die Sätze.

1	Die Schüler von Konfuzius waren	A	hinter seinem Rücken über Zilu.
2	Die Schüler von Konfuzius redeten	B	sehr klug und fleißig.
3	Zilu spielte die Zither	C	die Schüler ihre Meinung.
4	Zilu verlor schlagartig	D	viel Zeit mit seinen Schülern.
5	Konfuzius verbrachte	E	nicht sehr elegant.
6	Dank Konfuzius änderten	F	das Ansehen bei den anderen.

b) Wählen Sie die richtige Antwort aus.

1) Was taten die Schüler, die zum engeren Kreis gehörten?
   - A Sie widmeten sich ausschließlich dem Zitherspiel.
   - B Sie tauschten sich intensiv mit Konfuzius über viele Themen aus.
   - C Sie hielten regelmäßig Vorträge und verfassten Gedichte.

2) Wie ist Zilus Zitherspiel zu beschreiben?
   - A Friedlich
   - B Kraftvoll
   - C Melancholisch

3) Wie haben die anderen Schüler auf Konfuzius' Kommentar zu Zilus Zitherspiel reagiert?
   - A Sie haben ihm Applaus geschenkt.
   - B Sie haben ihn um Rat gebeten.
   - C Sie haben sich hinter seinem Rücken negativ über ihn geäußert.

4) Warum hat Konfuzius den Schülern Zilus Fähigkeiten auf poetische Weise erklärt?
   - A Er wollte damit Zilu bloßstellen.
   - B Er hatte Angst, ein Missverständnis verursacht zu haben.
   - C Er wollte den anderen Schülern zeigen, dass er ein großer Dichter ist.

5) Wie haben die anderen Schüler nach Konfuzius' Erklärung über Zilus Fähigkeiten reagiert?
   - A Sie haben ihre Abneigung gegenüber ihm beibehalten.
   - B Sie haben Zilu ausgelacht.

c Sie haben sich ein neues Bild von ihm gemacht und ihre Abneigung abgelegt.

C) Notieren Sie Stichpunkte zu den folgenden Fragen.

1) Wieso verspotteten die anderen Schüler Zilu?

2) Was wird über den Charakter der anderen Schüler ausgesagt?

3) Auf welchen Aspekt des Lernens hat Konfuzius seine Schüler schließlich hingewiesen?

4) Welche Lehre könnte man aus dieser Geschichte für sein eigenes Leben ziehen?

2  Auch von Untergeordneten kann man lernen

1 Konfuzius hatte sich zu seinen Lebzeiten ein enormes Wissen angeeignet und über dreitausend Schüler um sich geschart, daher nennen ihn die Menschen noch heute respektvoll den „Weisen".

2 Damals waren Konfuzius' Weisheiten und Ratschläge sowohl beim einfachen Volk als auch bei Beamten, Herzögen und sogar Königen sehr beliebt, denn viele wären so weit gegangen, Konfuzius sogar als allwissend zu bezeichnen. Doch trotz all dem Respekt und der Ehre, die ihm zukam, verlor Konfuzius sich nicht in Stolz und Selbstgefälligkeit, sondern blieb stets bescheiden und achtsam. Er sagte oft: „Sofern ich in Gesellschaft bin, werde ich immer einen Lehrer an meiner Seite haben."

3 Um seinen Wissensschatz zu erweitern, hatte Konfuzius in der Vergangenheit unzählige Menschen um Unterweisung gebeten. So hatte er einst Laozi gebeten, ihm die „Riten der Zhou" näher zu erläutern. Aber andere Dinge wie die Nomenklatur der Beamtenposten, das Konzept der musikalischen Stimmung oder das Zitherspielen lernte Konfuzius vor allem von historisch unbedeutenden, nicht sehr angesehenen Persönlichkeiten wie Tanzi, Chang Hong oder Shi Xiang. Auf diese Weise konnte Konfuzius nach und nach seine Wissenslücken füllen und für die Nachwelt den Grundstein für die Entwicklung der weitreichenden konfuzianischen Philosophie setzen.

4 Damals gab es im Staat Wei einen hohen Beamten namens Kong Yu. Jener war klug und fleißig sowie überaus bescheiden, sodass er das hohe Ansehen des Königs genoss. Nach dem Tod Kong Yus wünschte sich der König, dass auch die Folgegenerationen von Schülern in seinem Reich einen solchen Fleiß und eine solche Demut, wie Kong Yu sie dem Lernen gegenüber hatte, kultivierten. Daher verlieh er Kong Yu den posthumen Ehrentitel „Fürst der Schriften".

5 Jedoch gab es einen Schüler namens Zigong im Staat Wei, der Kong Yu zu Lebzeiten persönlich gekannt hatte und fand, dass dem Verstorbenen ein derart hoher Ehrentitel nicht gebührte. In seinem Unverständnis suchte er eines Tages Konfuzius auf und fragte ihn: „Ohne Frage besaß Kong Yu großes Wissen und Talent, doch gleichzeitig gab es viele Gelehrte, die ihn noch übertreffen

konnten. Weswegen soll ausgerechnet er den Titel ‚Fürst der Schriften' erhalten?" Da musste Konfuzius grinsen. Er antwortete: „Kong Yu war nicht nur fleißig, klug und aufgeweckt, sondern was ihn auszeichnete, war, dass er sich unvoreingenommen und bescheiden an andere wenden konnte, wenn er etwas nicht verstand, auch wenn diese anderen ihm in Rang oder Wissen unterlegen waren. Und dabei empfand er nicht die geringste Scham. Für diese seltene Tugend verdient er den Ehrentitel allemal."

6 Dank Konfuzius' Erklärung konnte Zigong die Vergabe des Ehrentitels besser nachvollziehen.

Aufgaben

a) Ergänzen Sie die Lücken anhand der Inhalte aus dem Text.

1) Konfuzius wird aufgrund ______________________________ auch heute noch respektvoll „der Weise" genannt.
2) Konfuzius war wegen seiner ______________________________ sehr beliebt.
3) Konfuzius hatte sich ein so großes Wissen angeeignet, indem er ______________________________.
4) Kong Yu wurde posthum zum ______________________________ ernannt.
5) Weil es seiner Ansicht nach noch viele weitere Gelehrte gab, die Kong Yu übertreffen konnten, war Zigong der Meinung, dass ______________________________.
6) Kong Yu konnte sich unvoreingenommen und bescheiden an andere wenden, auch wenn ______________________________.

b) Stellen Sie einander zu zweit inhaltliche Fragen zum Text. Ihre Partnerin oder Ihr Partner beantwortet Ihre Fragen. Wechseln Sie sich ab. Jeder sollte mindestens sechs Fragen stellen.

c) Arbeiten Sie wieder mit Ihrer Partnerin oder Ihrem Partner zusammen. Überlegen Sie sich gemeinsam passende Überschriften für die einzelnen Abschnitte der Geschichte.

d) Lesen Sie die Aussagen. Wem stimmen Sie zu? Wem nicht? Warum (nicht)? Diskutieren Sie in Gruppen.

„Lernen ist für mich nur Mittel zum Zweck. Ich verstehe nicht, warum jemand freiwillig lernen würde. Klar, wenn man eine Prüfung hat, dann muss man eben die Zähne zusammenbeißen und sich darauf vorbereiten. Aber warum sollte ich mir das ansonsten antun?"

Carlotta Schwarz, 19

„Wenn ich nur daran denke, welche Türen mir das Lernen eröffnen kann, dann will ich mich gleich wieder in die Bibliothek setzen. Wir haben so viele Möglichkeiten! Der einzige Weg, diese zu ergreifen und uns unser Leben nach unseren eigenen Vorstellungen zu gestalten, ist Lernen. Will ich eine gute Arbeitsstelle, einen gesunden Lebensstil, mehrere Sprachen sprechen oder mich in ein neues Hobby vertiefen, kann ich mir das alles durch Lernen ermöglichen. Ich lebe nach dem Motto: Lebenslanges Lernen!"

Franziska Maurer, 23

„Lernen? Ach, was soll ich denn noch lernen? Was Hänschen nicht lernt, das lernt Hans nimmermehr. In meinem Alter ist es einfach zu spät dafür, was Neues zu lernen. Kinder sind zum Lernen gemacht. Die können das! Ich lese täglich die Zeitung, das ist meine Bildung."

Eberhard Wolf, 60

„Ich finde es einfach so interessant, neue Dinge zu lernen. Was ich später für einen Nutzen davon haben werde? Darum geht es mir nicht. Ich genieße es einfach, Bücher zu lesen, Reportagen zu schauen, oder von anderen neue Dinge zu erfahren."

Jana Monte, 32

„Warum sollte ich heutzutage denn noch lernen? Klar, lesen und schreiben ist wichtig, aber für alles andere habe ich das Internet. Die ganzen Informationen kann sich heutzutage doch sowieso keiner mehr merken. Wenn ich was wissen will, frage ich einfach mein Handy."

Joachim Mansfeld, 26

△ : *Ich kann Jana gut verstehen, denn mir geht es genauso. Ich habe beispielsweise letztens aus Spaß etwas Programmieren gelernt.*

☆: *Ich kann Joachims Meinung nur zustimmen. In der heutigen Zeit muss ich mir nichts mehr merken.*

□ : *Genau. Das denke ich auch, denn zum Beispiel ...*

3  Zerfallene Schriften zeugen von eifrigem Studium

1 Konfuzius entstammte einer armen Familie. Sein Vater verstarb, als er noch sehr jung war. Nur durch Selbststudium hatte er die Möglichkeit, sich Wissen anzueignen. So hatte er keinen Lehrer, an den er sich wenden konnte, falls er auf ein schwieriges Problem stieß. Doch man muss nicht immer von einem Lehrer lernen. Konfuzius war bescheiden und wissbegierig. Er versuchte verschiedenste Wege, um Antworten auf seine Fragen zu finden. Dabei scheute er sich nicht, alle möglichen Leute zu befragen. Er fragte Beamte, Greise mit grauen Haaren auf dem Kopf und auch kleine Kinder mit Zöpfen. Als er das Alter von dreißig Jahren erreichte, war er bereits in der ganzen Region bekannt.

2 Zu Lebzeiten von Konfuzius gab es noch kein Papier. Zur Herstellung von Büchern wurde Bambus verwendet. Man schrieb auf Bambustäfelchen, die zuvor zurechtgeschnitten und am Feuer getrocknet wurden. Ein jedes Bambustäfelchen hatte eine bestimmte Größe, sodass nur eine Zeile darauf passte. Um ein ganzes Buch aufzuschreiben, benötigte man sehr viele Bambustäfelchen. Um sie zusammenzubinden, verwendete man ein robustes Seil aus Rindsleder. Weil der Platz auf den Bambustäfelchen so begrenzt war, konnte ein Buch mit großer Wortzahl schon mehrere dutzend Pfund wiegen. Ein Buch wie das *Buch der Wandlungen* wurde aus einer Unzahl an Bambustäfelchen gebunden, was es sehr schwer machte.

3 Konfuzius begann erst an seinem Lebensabend, das *Buch der Wandlungen* zu studieren. Um diesen äußerst schwierigen klassischen Text zu studieren, musste auch der weise Konfuzius große Mühen aufbringen, um ihn zu verstehen. Nach dem ersten Lesen hatte Konfuzius nur ein oberflächliches Verständnis erlangen können. Also las er den Klassiker noch ein weiteres Mal und begriff dadurch mehrere der grundlegenden Kernpunkte. Um ein noch tieferes Verständnis zu erlangen, las er das *Buch der Wandlungen* noch ein drittes Mal und lehrte zugleich seinen Schülern dessen Inhalte. Konfuzius wusste irgendwann nicht mehr, wie häufig er schon durch das Buch geblättert hatte. Die Lederbindungen waren Zeugnis seines Eifers. Unzählige Male musste er ein neues Seil durch die Bambustäfelchen ziehen, weil das vorherige durch die fortwährende Nutzung gerissen war.

4 Obwohl Konfuzius einer der bedeutendsten Philosophen der chinesischen

Geschichte war, und das *Buch der Wandlungen* so ausgiebig studiert hatte, sagte er dennoch bescheiden: „Wären mir mehr Jahre gegeben, so könnte ich noch viele weitere Inhalte und Lehren des *Buches der Wandlungen* ergründen und verstehen."

Aufgaben

a) Lesen Sie den Text und kreuzen Sie an: richtig(r) oder falsch(f).

	r	f
1) Konfuzius stammte aus einer reichen Familie.	☐	☐
2) Konfuzius hatte einen Lehrer, der ihm bei schwierigen Problemen half.	☐	☐
3) Konfuzius war bescheiden und wissbegierig.	☐	☐
4) Konfuzius fragte nur Beamte nach Antworten auf seine Fragen.	☐	☐
5) Zur Herstellung von Büchern wurden in der Zeit von Konfuzius Bambustäfelchen verwendet.	☐	☐
6) Ein Buch aus Bambustäfelchen konnte sehr schwer sein.	☐	☐
7) Konfuzius las das *Buch der Wandlungen* einmal und lehrte es dann seinen Schülern.	☐	☐
8) Konfuzius war überzeugt, dass er alle Inhalte des *Buches der Wandlungen* verstanden hatte.	☐	☐

b) Erstellen Sie eine Auflistung aller Lehren, die Sie aus den Texten 1, 2 und 3 ziehen können. Überlegen Sie anschließend, ob Ihnen noch weitere Lehren zum Thema „Lernen" von Konfuzius einfallen. Ergänzen Sie Ihre Liste auch um diese.

c) Gehen Sie nun gemeinsam mit einer Partnerin oder einem Partner Ihre Listen durch, und fassen Sie diese zu einer Liste zusammen. Erzählen Sie nun abwechselnd Ihrer Partnerin oder Ihrem Partner, inwiefern Sie diese Lehren in Ihrem persönlichen Leben umsetzen, und warum (nicht).

d) Wechseln Sie Ihre Partnerin oder Ihren Partner und diskutieren Sie die folgenden Fragen.

- Welche Rolle spielt Lernen für die Gesellschaft?
- Welche Rolle spielt Lernen für Sie persönlich?
- Welche Möglichkeiten eröffnet einem das Lernen und wo liegen die Grenzen dieser Möglichkeiten?

4 Konfuzius ersucht Laozi um Unterweisung

1 Konfuzius brachte zu seinen Lebzeiten berühmte Lehren hervor, welche sich im Laufe der Geschichte Chinas immer weiterentwickelten und die chinesische Kultur sowie Gesellschaft grundlegend prägten. Für viele Menschen in China war und ist er der geistige Mentor und noch heute wird er von den Menschen „der Weise" genannt.

2 Konfuzius war neben seinem breiten Wissen und seinen präzisen Lehrmethoden außerdem bekannt für die Art und Weise, auf die er sich neues Wissen aneignete. Um einen neuen Lehrer zu finden, nahm er es nicht selten auf sich, tausende Meilen zu wandern oder Flüsse und Berge zu überqueren, und seinen Lehrern gegenüber war er stets demütig und respektvoll.

3 Konfuzius interessierte sich sehr für die Riten der Zhou, sprach für die rituelle und musikalische Kultur der Zhou-Dynastie, doch er selbst fand, dass er noch kein ausreichend tiefes Verständnis auf diesem Gebiet erlangt hatte. Daher hielt er stets nach Gelegenheiten Ausschau, bei denen er etwas Neues über die Riten der Zhou erfahren konnte.

4 Eines Frühlings kam es, dass einer der Schüler von Konfuzius, Nangong Jingshu, durch den Herrscher des Staates Lu zu einer Audienz beim König der Zhou-Dynastie in die Hauptstadt Luoyang geschickt wurde. Zu jener Zeit diente Laozi als Archivar in der königlichen Bibliothek der Zhou-Dynastie. Jener Laozi war der Begründer des Daoismus, der Philosophie, welche zusammen mit dem Konfuzianismus die traditionelle chinesische Kultur und nationale Identität am stärksten geprägt hatte. Da Laozi am Hof verbeamtet wurde und sich mit den Riten und der Musik der Zhou-Dynastie auskennen musste, fand Konfuzius, es sei einen Versuch wert, ihn um Unterweisung zu ersuchen.

5 Konfuzius erhielt die Erlaubnis, mitzureisen und er und Nangong Jingshu machten sich gemeinsam auf den Weg von Qufu nach Luoyang. Zur damaligen Zeit war der Verkehr noch sehr rückständig, sodass die beiden die mehreren hundert Meilen hauptsächlich zu Fuß zurücklegen mussten. Nur ab und zu konnten sie einige Streckenteile auf einem Pferdewagen ausruhen. Zwar war die Reise beschwerlich und führte sie über Stock und Stein, doch nach gut

einem Monat war es endlich geschafft und sie erreichten Luoyang!

6 Schon am zweiten Tag nach der Ankunft konnte Konfuzius es nicht mehr abwarten und machte sich auf den Weg zu Laozi. Um seinem zukünftigen Lehrer Respekt zu zollen, zog er es vor, zu Fuß zu dessen Wohnsitz zu reisen, anstatt bequem auf einem Wagen. Doch auch Laozi war sehr bescheiden, denn als er hörte, dass jener hochgebildete und von all seinen Schülern hochverehrte Konfuzius auf dem Weg zu ihm war, um ihn um Unterweisung zu ersuchen, ließ er unversehens den Pinsel fallen, strich seine Kleidung glatt und trat vor die Tür, um seinen Gast zu empfangen.

7 Als Konfuzius von weitem diesen wohl schon über achtzig Jahre alten, würdevoll gealterter Greis erblickte, wusste er, dass es sich um Laozi handeln musste, und er beeilte sich sehr, vor ihn zu treten und eine tiefe Verbeugung zu vollführen.

8 Im Haus angekommen, fragte Laozi Konfuzius nach dem Grund seines Kommens. Konfuzius stand auf und verbeugte sich noch einmal tief. Dann antwortete er: „So sehr schlägt mein Herz für die Riten der Zhou, doch leider mangelt es mir noch an dem nötigen Verständnis, daher ersuche ich nun Euch um Unterweisung auf diesem Gebiet." Da Laozi sofort erkannte, dass Konfuzius es aufrichtig meinte, zögerte er nicht, sein ausführliches Wissen über die Musik und die Riten am Hofe der Zhou-Dynastie an ihn weiterzugeben.

9 Nach seiner Heimkehr in den Staat Lu erzählte Konfuzius seinen neugierigen Schülern vom Erlebten: „Laozi verfügt über unschätzbares Wissen über die Welt und die Dinge. Aber nicht nur ist er ein wahrer Experte für die Musik und Riten der Zhou-Dynastie, sondern er legt auch großen Wert auf Tugend und Moral. Ich hatte mich in ihm in keiner Weise getäuscht!"

10 Auch in der heutigen Zeit könnten die Menschen noch viel von Konfuzius und seiner Bescheidenheit und Wissbegierde lernen.

Aufgaben

a) Lesen Sie den Text und kreuzen Sie an: richtig(r), falsch(f), oder nicht genannt(x).

	r	f	x
1) Konfuzius nahm große Mühen auf sich, um seine Lehrer aufzusuchen.	☐	☐	☐
2) Konfuzius war besonders an den Riten der Zhou interessiert.	☐	☐	☐
3) Konfuzius wusste, dass Laozi sich mit den Riten der Zhou auskannte.	☐	☐	☐
4) Die Kalligrafie von Laozi war sehr schön anzusehen.	☐	☐	☐
5) Laozi wollte Konfuzius erst nicht unterweisen.	☐	☐	☐
6) Laozi berichtete seinen Schülern von seinen Erfahrungen mit Konfuzius.	☐	☐	☐

b) Vervollständigen Sie die Sätze entsprechend des Inhaltes.

0) Konfuzius hat ___die chinesische Kultur sowie Gesellschaft___ grundlegend geprägt.
1) Konfuzius war bekannt dafür, wie er sich ______________________.
2) Konfuzius interessierte sich sehr für die ________________ und hielt ________________, um mehr darüber zu erfahren.
3) Konfuzius reiste nach ________, um dort ______ aufzusuchen.
4) Weil er seinem zukünftigen Lehrer ______________ wollte, machte sich Konfuzius ________________ auf den Weg zu ihm.
5) Als Laozi sah, dass Konfuzius ______________, war er sofort bereit, ihn zu unterweisen.
6) Seinen Schülern berichtete Konfuzius, dass Laozi nicht nur ____________ ____________ verfügte, sondern auch großen Wert auf ______________ legte.

c) Schreiben Sie einen Aufsatz (etwa 240 Wörter), und gehen Sie dabei auf die folgenden Fragen ein und nennen Sie konkrete Beispiele.

- Welchen Stellenwert hat das Lernen für Sie und Ihre Freundinnen und Freunde?
- Gab es eine bestimmte Person, Geschichte oder Begebenheit, die Ihre Einstellung zum Lernen besonders geprägt hat?
- Welche Ziele haben Sie, für die es notwendig ist, zu lernen?

Vokabelliste

Text 1

fachsimpeln	sich ausführlich über ein Thema unterhalten, über das die Gesprächsteilnehmer viel wissen
die Zither, -n	ein antikes chinesisches Saiteninstrument
unvermittelt	ganz plötzlich; abrupt; überraschend
rügen	jmdm. deutlich sagen, dass man sein Verhalten schlecht findet; deutlich kritisieren
für etw. plädieren	sich für etw. aussprechen; für etw. Argumente hervorbringen
abschätzig	abfällig; geringschätzend
für etw. sorgen	alles tun, was nötig ist, damit etw. geschieht

Text 2

um sich scharen	mehrere Menschen um sich versammeln
die Selbstgefälligkeit (nur Sg.)	Überzeugung, dass man selbst schön, intelligent usw. ist
die Unterweisung, -en	das Lehren
erläutern	einen komplizierten Sachverhalt ausführlich erklären
die Nomenklatur, -en	genau definierte Wörter, die auf einem bestimmten (wissenschaftlichen) Gebiet verwendet werden
die Wissenslücke, -n	Mangel an Wissen auf einem bestimmten Gebiet
weitreichend	für einen großen Bereich von Bedeutung
die Folgegeneration, -en	die nächste Generation

die Demut	das Fehlen von Stolz; Einstellung, Leid und Unglück ertragen zu müssen, ohne sich zu beschweren
kultivieren	pflegen und dadurch jmdn. auf ein hohes Niveau bringen
verleihen	jmdm. einen Preis/Titel geben, um ihn zu ehren
posthum	nach jmds. Tod erfolgend
gebühren	rechtmäßig zustehen
ohne Frage	zweifelsohne
übertreffen	in Qualität und Leistung besser sein als ein anderer
grinsen	breit lächeln
auszeichnen	im positiven Sinne charakteristisch für jmdn. sein
unvoreingenommen	objektiv; ohne Vorurteile
die Scham (nur Sg.)	das unangenehme Gefühl, das man hat, wenn man gegen Moral/Sitten verstoßen hat
nachvollziehen	sich vorstellen können, wie etw. gewesen ist

Text 3

entstammen	gebürtig aus einer bestimmten Familie / bestimmten Verhältnissen kommen
auf etw. stoßen	etw. zufällig finden / unerwartet entdecken
der Zopf, ⸚e	eine Frisur, bei der die Haare zu einem langen Strang verflochten sind
zurechtschneiden	etw. in die gewünschte Form schneiden

robust	widerstandsfähig; stabil; kräftig
ein dutzend	zwölf Stück von etw.
eine Unzahl von	sehr viele; unzählige
blättern	die Seiten eines Buches schnell umschlagen
das Zeugnis, -se	die Bescheinigung; der Beweis
der Eifer (nur Sg.)	leidenschaftliche Begeisterung oder starker Wille, etw. zu tun / zu erreichen
ausgiebig	umfangreich; reichlich; lange dauernd

Text 4

ersuchen	höflich oder förmlich um etw. bitten
prägen	einen bleibenden Eindruck hinterlassen
der Mentor, -en	eine erfahrene Person, die einer weniger erfahrenen Person Rat und Unterstützung gibt
etw. auf sich nehmen	etw. schwieriges/unangenehmes freiwillig tun
präzise	genau, exakt
sich etw. aneignen	etw. lernen, was man zuvor nicht konnte
erlangen	durch Mühe/Anstrengung bekommen
Ausschau halten	aufmerksam nach etw./jmdm. suchen
die Audienz, -en	eine offizielle oder feierliche Empfangszeremonie bei einer hochgestellten Person
rückständig	veraltet; unterentwickelt; nicht auf dem neuesten Stand
zurücklegen	eine bestimmte Strecke oder Distanz bewältigen
jmdm. Respekt zollen	jmdm. Achtung oder Wertschätzung entgegenbringen

vorziehen	etw. lieber tun oder haben als etw. anderes; präferieren
unversehens	plötzlich; unerwartet; ohne Vorahnung
der Greis, -e	ein sehr alter Mann
die Verbeugung, -en	Geste des Respekts, bei der Oberkörper und Kopf gesenkt werden
vollführen	ausführen, durchführen, machen
weitergeben	an jmdn. anderen übergeben/übermitteln
aufrichtig	ehrlich; ernst gemeint; von Herzen kommend
sich in etw./jmdm. täuschen	etw./jmdn. falsch einschätzen

02

Heldenhafte Taten im Dienste des Vaterlandes

1  Wie die He-Jade unversehrt nach Zhao zurückgelangte – Teil 1

1 Zur Zeit der Streitenden Reiche erlangte König Huiwen von Zhao einen Schatz von unermesslichem Wert. Es handelte sich um eine Bi-Scheibe aus feinster Jade, welche auch He-Jade genannt wurde. König Zhao von Qin ließ eine Botschaft an König Huiwen von Zhao überbringen, in der er fünfzehn Städte im Tausch für den kostbaren Schatz anbot. König Huiwen von Zhao war ratlos, wie er darauf reagieren sollte. Qin war ein mächtiger Staat, und er konnte es sich wahrlich nicht leisten, sich den König von Qin zum Feind zu machen. Es blieb ihm nichts Anderes übrig, als das Angebot anzunehmen. Doch würde er dann nicht den wertvollsten Schatz unter dem Himmel verlieren?

2 Zu dieser Zeit lebte in Zhao ein überaus weitsichtiger und erfahrener Mann namens Lin Xiangru. Er erklärte sich dazu bereit, den Schatz als Gesandter nach Qin zu bringen. König Huiwen von Zhao sagte zu ihm: „Ich fürchte, Qin will sich den Schatz zu eigen machen, ohne anschließend die fünfzehn Städte zu übergeben. Wie kann das verhindert werden?"

3 Lin Xiangru antwortete: „Qin hat sich dazu bereiterklärt, fünfzehn Städte im Tausch für den Schatz abzutreten. Wenn Zhao dem nicht zustimmen sollte, so wäre Zhao im Unrecht. Sollten hingegen Eure Majestät den Schatz überbringen und daraufhin Qin sein Wort nicht halten, dann läge der Fehler bei Qin. Ich denke, Zhao sollte dem Tauschangebot zustimmen. So kann uns niemand vorwerfen, respektlos zu sein. Wenn ich nun hingehe und Qin tatsächlich fünfzehn Städte an Zhao übergibt, werde ich den Schatz dort lassen. Sollte dem nicht so sein, werde ich den Schatz unversehrt nach Zhao zurückbringen."

4 So begab sich Lin Xiangru mit dem Schatz nach Qin. König Zhao von Qin empfing ihn in einem seiner Paläste. Lin Xiangru sprach: „Eure Majestät, dies ist der wertvollste Schatz unter dem Himmel", und übergab ihm die He-Jade.

5 König Zhao von Qin nahm den kostbaren Schatz entgegen und musterte ihn eingehend. Er vermochte es kaum, seine Freude zu verbergen und sprach: „Dies ist wahrlich ein Anlass zum Feiern! Seht und staunt!" Er gab den Schatz in die Hände der umstehenden Konkubinen und Beamten, damit jeder ihn

betrachten und herumreichen konnte. Seine Minister kamen sogleich voller Bewunderung herbei, um ihn zu beglückwünschen. Im ganzen Palast machte sich große Freude breit und es schien, als hätte man Lin Xiangru vergessen.

6 Als Lin Xiangru das Geschehen sah, begriff er plötzlich. Er trat einen Schritt vor und sprach zum König: „Eure Majestät, auch wenn dieser Schatz die größte Kostbarkeit unter dem Himmel ist, so hat er doch einen kleinen Makel. Lasst mich ihn Euch einmal zeigen." Der König war sehr überrascht und sagte: „Tatsächlich? So zeigt ihn mir doch", und gab Lin Xiangru den Schatz.

7 Dieser machte unverzüglich ein paar Schritte rückwärts und lehnte sich an eine Säule. Von dort aus blickte er den König zornig an und sprach: „Eure Majestät, Ihr hattet ursprünglich versprochen, im Tausch für den Schatz fünfzehn Städte an Zhao abzutreten. König Huiwen von Zhao hatte mich unter dieser Voraussetzung mit ehrlicher Absicht und gutem Glauben zu Euch geschickt. Jedoch habe ich gesehen, dass Ihr nicht im Geringsten vorhabt, den von Euch vorgeschlagenen Tausch einzugehen. Sollte heute auch nur eine Person versuchen, des Schatzes habhaft zu werden, werde ich ihn an diesem Pfeiler zerschmettern!" Nachdem er dies gesagt hatte, hob er den Schatz in die Luft und machte eine Bewegung, als wollte er ihn tatsächlich gegen die Säule schmettern.

Aufgaben

a) Lesen Sie den Text und kreuzen Sie an: richtig(r) oder falsch(f).

	r	f
1) König Huiwen von Zhao wollte die He-Jade verschenken.	☐	☐
2) König Huiwen von Zhao besaß unzählbar viele Bi-Scheiben aus Jade.	☐	☐
3) König Huiwen von Zhao vertraute dem König von Qin nicht.	☐	☐
4) Lin Xiangru erklärte sich bereit, die He-Jade nach Qin zu bringen.	☐	☐
5) Lin Xiangru gab den Schatz erst in fremde Hände, nachdem ihm versichert wurde, dass die 15 Städte an Zhao abgetreten werden würden.	☐	☐
6) König Zhao von Qin war hoch erfreut, als er die He-Jade in den Händen hielt.	☐	☐

	r	f
7) Lin Xiangru erfand eine Ausrede, um den Schatz wiederzubekommen.	☐	☐
8) Der Schatz wurde von Lin Xiangru gegen einen Pfeiler geschmettert.	☐	☐

b) Beantworten Sie schriftlich in 2 bis 5 Sätzen die folgenden Fragen.

- Welchen Plan hatte Lin Xiangru, als er sich dazu bereiterklärte, den Schatz als Gesandter nach Qin zu bringen?
- Was geschah mit der He-Jade, nachdem Lin Xiangru in Qin angekommen war?
- Was tat Lin Xiangru, als er bemerkte, dass der König von Qin nicht vorhatte, den Tausch einzugehen?

c) Notieren Sie sich Stichpunkte dazu, wie sie Lin Xiangru charakterisieren würden.

Lin Xiangru ist mutig.
Er zeigt auch vor dem König eines mächtigeren Staates keine Furcht.

2 Wie die He-Jade unversehrt nach Zhao zurückgelangte – Teil 2

1 Qin-König Zhao hielt ihn eilig davon ab: „Bitte! Es handelt sich um ein Missverständnis! Wann habe ich gesagt, dass ich mein Wort nicht halten wolle?" Sofort befahl er seinen Ministern, eine Karte hervorzuholen und Lin Xiangru zu zeigen, welche fünfzehn Städte sie an Zhao abzutreten gedachten.

2 Lin Xiangru ließ sich davon jedoch nicht hinters Licht führen und ließ sich etwas einfallen, um mehr Zeit zu gewinnen. Er sagte zum König: „Diese He-Jade ist der wertvollste Schatz unter dem Himmel. Bevor mich König Huiwen von Zhao beauftragte, mit dem Schatz nach Qin aufzubrechen, badete er sich und fastete fünf Tage lang. Anschließend hatte er am Hof eine feierliche Zeremonie abhalten lassen. Sollte es der Fall sein, dass Eure Majestät den von Euch vorgeschlagenen Tausch eingehen möchten, müsstet Ihr ebenfalls baden und fünf Tage fasten. Erst dann kann im Anschluss eine feierliche Zeremonie zur Übergabe abgehalten werden."

3 Dies missfiel König Zhao von Qin sehr. Jedoch war Lin Xiangru bereits in Qin und konnte nicht davonlaufen. Also sagte er: „Gut, dann wird es so geschehen, wie Ihr es sagt."

4 Lin Xiangru wusste, auch wenn König Zhao von Qin direkt zugestimmt hatte, würde er auf keinen Fall willens sein, den Tausch tatsächlich einzugehen. Als Lin Xiangru in seine Unterkunft zurückgekehrt war, trug er umgehend einem seiner Bediensteten auf, sich als Händler zu verkleiden und den Schatz abseits der Hauptstraße unbemerkt nach Zhao zurückzubringen.

5 Nachdem fünf Tage vergangen waren, versammelte König Zhao von Qin seine Beamten am Hof und ließ feierlich die Übergabezeremonie durchführen. Überraschenderweise kam Lin Xiangru unbeschwert vor die Palasthalle und verneigte sich vor dem König. Dieser sprach: „Ich habe bereits alles nach Euren Wünschen getan. Darf ich Euch nun bitten, mir die He-Jade zu überreichen?"

6 Lin Xiangru entgegnete: „Qin hatte schon einige Herrscher. Unter ihnen war nicht einer, der als vertrauenswürdig gelten könnte. Ihr, Eure Hoheit, seid keine Ausnahme. Deshalb habe ich den Schatz bereits zurück nach Zhao bringen

lassen." Der König schäumte vor Wut, als er das hörte und rief: „Ihr wagt es, mich an der Nase herumzuführen?!" Er befahl unverzüglich, Lin Xiangru festzunehmen.

7 Dieser hatte keinerlei Angst und sagte gelassen: „Eure Majestät, es gibt keinen Grund zur Aufregung. Erlaubt mir, auszusprechen. Ihr wisst, es kann keinen guten Grund für einen schwachen Staat geben, einen mächtigen Staat gegen sich aufzubringen. Deshalb würde Zhao niemals Euer Anliegen ausschlagen. Allerdings müsst auch Ihr Euer Versprechen halten. Wenn Ihr erst die fünfzehn Städte an Zhao abtretet, werden wir Euch zweifelsohne den Schatz überreichen."

8 Auf diese wohl begründeten Worte war kein Einwand zu finden. König Zhao von Qin blieb nichts Anderes übrig, als entmutigt zu sagen: „Ach, lasst gut sein. Die wertvolle He-Jade ist im Grunde auch nur bloß ein Stück Stein. Was hat er für einen Nutzen, nachdem ich ihn erhalten habe? Lassen wir die Angelegenheit hiermit ruhen." So geschah es, dass dank des Mutes und des scharfen Verstandes von Lin Xiangru die He-Jade unversehrt nach Zhao zurückgelangte.

Aufgaben

a) Vervollständigen Sie die Sätze, indem Sie die Lücken ausfüllen.

1) Als Lin Xiangru damit drohte, die He-Jade zu zerschlagen, reagierte König Zhao von Qin darauf, indem er ____________________.

2) Um ____________________, forderte Lin Xiangru König Zhao von Qin dazu auf, vor der Übergabe der He-Jade zu baden und fünf Tage zu fasten.

3) Obwohl König Zhao von Qin ____________________, war Lin Xiangru trotzdem davon überzeugt, dass er die 15 Städte nicht an Zhao abtreten würde.

4) Lin Xiangru brachte die He-Jade nicht selbst zurück nach Zhao, sondern ____________________.

5) Der Staat Zhao würde das Tauschangebot von Qin niemals ausschlagen, denn dadurch würde er einen ____________________.

6) Dem König von Qin ____________________, als Lin Xiangru wieder gehen zu lassen.

b) Diskutieren Sie die folgenden Fragen mit Ihrer Sitznachbarin oder Ihrem Sitznachbarn.

1) Wie hätten Sie sich an der Stelle von König Huiwen von Zhao und Lin Xiangru verhalten? Hätte es noch andere Wege gegeben, mit der Situation umzugehen?
2) Warum hatte König Zhao von Qin das Tauschangebot ursprünglich unterbreitet?
3) Warum konnte König Zhao von Qin nichts Anderes tun, als Lin Xiangru gehen zu lassen? Welche Konsequenzen hätte ein alternatives Vorgehen gehabt?
4) Was können wir von historischen Persönlichkeiten wie Lin Xiangru lernen?

c) Überlegen Sie sich nun in Einzelarbeit eine weitere historische Person, die einen großen Dienst für ihr Vaterland geleistet hat. Bereiten Sie Antworten auf die folgenden Fragen vor.

1) Welchen Dienst hat die Person geleistet?
2) Welche Schwierigkeiten musste die Person dafür überwinden?
3) Welche Eigenschaften zeichnen diese Person aus?
4) Warum haben Sie sich für diese Person entschieden?

d) Teilen Sie sich nun in Vierergruppen auf. Stellen Sie den anderen die von Ihnen gewählte Person und Ihre vorbereiteten Antworten aus der Aufgabe 2c) vor. Hören Sie sich auch die Vorstellungen Ihrer Kommilitoninnen und Kommilitonen an.

e) Diskutieren Sie anschließend in der Gruppe:

Welche Unterschiede haben Sie bei der Wahl der Personen festgestellt? Haben Ihre Kommilitoninnen und Kommilitonen bei der Wahl Wert auf die gleichen oder auf andere Aspekte gelegt? Teilen Sie anschließend Ihre Erkenntnisse in der Klasse.

3  Das Treffen von Mianchi

1 Zur Zeit der Streitenden Reiche lebte im Staat Zhao ein Mann von Wortgewandtheit und unübertroffener Tapferkeit. Sein Name war Lin Xiangru. Eines Tages brachte er als Gesandter des Staates Zhao die äußerst kostbare He-Jade in den Staat Qin. Durch seine Findigkeit gelang es ihm, den unbezahlbaren Schatz unversehrt wieder zurück nach Zhao zu bringen. Der König von Zhao verlieh ihm daraufhin einen gehobenen Beamtenposten.

2 Einige Jahre später lud der König von Qin den König von Zhao auf eine Zusammenkunft in Mianchi ein. Der König von Zhao befürchtete, dass ihm der König von Qin schaden wollte und war deshalb dagegen, die Einladung anzunehmen. Der Oberbefehlshaber Lian Po und Lin Xiangru waren jedoch der Ansicht, dadurch würde der Staat Zhao sowohl schwach als auch feige wirken. Die Einladung anzunehmen wäre also die bessere Wahl. Zwar widerstrebte es ihm, doch der König von Zhao stimmte zu.

3 So traf der König von Zhao gemeinsam mit Lin Xiangru und seinem Gefolge in Mianchi ein. Während des Festmahls erwähnte der König von Qin gezielt, dass er davon gehört hatte, der König von Zhao sei ein großer Musikliebhaber. Er bat diesen daraufhin, einmal auf der Se (ein antikes Instrument, einer Harfe ähnlich) sein Können zu präsentieren. Somit spielte der König von Zhao ein Lied auf der Se. Der Geschichtsschreiber von Qin begann unverzüglich damit, wozu ihn sein König vorher angewiesen hatte. Er trat vor und notierte: „Eines Tages traf der König von Qin mit dem König von Zhao zusammen und befahl ihm, die Se zu spielen."

4 Als der Geschichtsschreiber dies notierte und gleichzeitig seinem Herrn vortrug, hörte Lin Xiangru dessen Worte und war außer sich vor Zorn über diese Formulierung. Er nahm einen Fou (ein antikes, aus Ton gefertigtes Schlaginstrument), trat vor den König von Qin und sprach: „Der König von Zhao hatte gehört, Eure Majestät würde sich auf die Musik Eures Landes verstehen. Auf besonderes Geheiß überbringt sein Diener Euch diesen Fou mit der Bitte, einmal darauf zu spielen, um zur gegenseitigen Erheiterung beizutragen." Auf dem Gesicht des Königs von Qin zeichnete sich eine böse

Miene ab. Auf keinen Fall wollte er sich dazu herablassen, auf einem Fou zu spielen. Lin Xiangru trat näher zum König Qin vor und sagte: „Eure Majestät, uns trennen nicht einmal fünf Schritte. Es wäre mir ein Leichtes, mein Blut auf Eure Gewänder zu spritzen!" Als die Untergebenen des Königs von Qin dieses Schauspiel sahen, erhoben sie ihre Waffen und schritten, willens ihn zu töten, auf Lin Xiangru zu. Dieser jedoch zeigte nicht das geringste Anzeichen von Furcht. Er blickte sie zornig an und wies sie zurück. Davon eingeschüchtert machten sie tatsächlich ein paar Schritte rückwärts.

5 Der Gesichtsausdruck des Königs von Qin verfinsterte sich. Widerwillig schlug er einmal auf den Fou. Lin Xiangru wies den Geschichtsschreiber von Zhao sofort an, folgendes zu notieren: „Eines Tages spielte der König von Qin für den König von Zhao auf einem Fou."

6 Den Ministern von Qin wurde schwindelig vor Wut und sie riefen: „Wir fordern, dass der Staat Zhao als Geschenk für den König von Qin 15 Städte abtritt!" Lin Xiangru entgegnete in genauso dreister Manier: „Wir fordern, dass der Staat Qin als Geschenk an den König von Zhao seine Hauptstadt Xianyang übergibt!" Darauf fanden die Minister von Qin nichts mehr zu sagen.

7 Dank Lin Xiangrus Scharfsinn und seiner Tapferkeit konnte der Staat Qin während des Treffens von Mianchi nicht die geringste Oberhand über den Staat Zhao gewinnen.

Aufgaben

a) Sortieren Sie die folgenden Ereignisse in chronologischer Reihenfolge.

A Der König von Zhao spielt ein Lied auf der Se.

B Lin Xiangru bietet dem König von Qin den Fou an.

C Der König von Qin spielt einmal widerwillig auf dem Fou.

D Lin Xiangru weist die Untergebenen des Königs von Qin zurück.

E Lin Xiangru erhält einen gehobenen Beamtenposten.

F Der Geschichtsschreiber von Qin notiert die Ereignisse auf seine Weise.

G Der König von Qin lädt den König von Zhao auf eine Zusammenkunft in Mianchi ein.

H Die Minister von Qin fordern, dass der Staat Zhao 15 Städte an den Staat Qin abtritt.

Die richtige Reihenfolge ist: ______________________.

b) Finden Sie die Fehler in den folgenden Aussagen und korrigieren Sie diese.

1) Durch seine Findigkeit gelang es Lin Xiangru, die He-Jade in den Staat Qin zu bringen.
2) Lian Po und Lin Xiangru rieten ihrem König dazu, den König von Qin zu sich einzuladen.
3) König Huiwen von Zhao spielte als Zeichen der Demut für den König von Qin auf der Se.
4) Lin Xiangru bot dem König von Qin auf eine Anweisung hin den Fou an.
5) Die Drohung von Lin Xiangru ließ die Wachen des Königs unbeeindruckt.
6) Die Minister von Qin forderten, dass der König von Zhao ihnen die He-Jade aushändigt.

c) Verfassen Sie einen Aufsatz (etwa 240 Wörter) und gehen Sie auf folgende Fragen ein.

1) Welche Eigenschaften zeichnen einen Helden oder eine Heldin Ihrer Meinung nach aus?
2) Wie können Sie persönlich einen Dienst an der Gesellschaft und Ihrem Vaterland leisten?

4 Eintracht und Staatswohl über persönlichen Rivalitäten

1 Einige Jahre nach den Ereignissen um die He-Jade, gelang es Lin Xiangru bei dem Treffen von Mianchi erneut, König Zhao von Qin **die Stirn zu bieten**. Für seine verdienstvolle Tat, die Würde des Staates verteidigt zu haben, beförderte ihn der König von Zhao in das Amt des Kanzlers. Dadurch hatte Lin Xiangru nun eine höhere Position als Lian Po inne. Oberbefehlshaber Lian Po, der sich mehrfach für rühmliche Erfolge im Heeresdienst verdienstlich gemacht hatte, konnte es nicht akzeptieren, dass Lin Xiangru nun eine noch höhere Stellung als er innehatte: „Ich habe bei der Belagerung von Städten und Schlachten große Erfolge errungen. Lin Xiangru hingegen hat lediglich seinen Mund ein bisschen bewegt, weiter nichts. Außerdem stammt dieser Mann aus einfachen und ärmlichen Verhältnissen. Ich kann es nicht akzeptieren, unter ihm zu stehen. Sollte ich ihn **zu Gesicht bekommen**, werde ich ihm **die Leviten lesen**."

2 Diese Worte von Lian Po **verbreiteten sich wie ein Lauffeuer** und gelangten so auch in Lin Xiangrus Ohren. Dieser wiederum betrachtete die ganze Situation mit Blick auf das Wohl des Reichs. Um eine Auseinandersetzung mit Lian Po um die Rangfolge zu vermeiden, blieb er den Sitzungen des Hofstaates fern, indem er vorgab, krank zu sein. Als er außer Haus war und in der Ferne Lian Po erblickte, befahl er seiner Kutsche unverzüglich, die Richtung zu wechseln, um ihm aus dem Weg zu gehen.

3 So kam es, dass die Gäste in seinem Anwesen äußerst unzufrieden waren. Sie sagten zu Lin Xiangru: „Der Grund, weshalb wir aus unserer Heimat zu Ihnen gekommen sind, um bei Ihnen zu dienen, liegt in unserem Respekt vor Ihnen und unserer Bewunderung für Ihren edlen und gerechten Charakter. Diese Tage gibt Lian Po eingebildetes Geschwätz von sich. Nicht einmal gewöhnliche Leute können das ertragen, **ganz zu schweigen von** Ihnen als Kanzler! Sollte das so weitergehen, dann werden wir uns wieder davonmachen."

4 Lin Xiangru lachte und fragte seine Gäste: „Wenn ihr einmal General Lian und den König von Qin vergleicht, wer von beiden ist schwieriger im Umgang?" Wie aus einem Munde antworteten alle gemeinsam: „Natürlich ist es der König von

Qin." Er sprach daraufhin weiter: „Ich wagte es, vor dem Hofe Qins in aller Öffentlichkeit den König zu tadeln und seine Minister zu demütigen. Wie kann es also nun sein, dass ich mich vor General Lian fürchte? Ich denke, der Grund dafür, dass der mächtige Staat Qin unser Zhao nicht angreift, sind wir beide. Wenn sich zwei Tiger bekämpfen, wird einer zu Schaden kommen. Das ist der Grund, weshalb ich ihn meide. An erster Stelle stehen die Belange des Reichs und danach kommen persönliche Feindschaften!"

5 Seine Aussage, „An erster Stelle stehen die Belange des Reichs und danach kommen persönliche Feindschaften!", hatte keine Beine und konnte doch laufen. In Windeseile drangen diese Worte auch zu Lian Po. Dieser dachte noch einmal nach und bemerkte, dass er **im Unrecht war**. Er streifte seine Oberkörperbekleidung ab und ließ sich Zweige von Mönchspfeffer bringen (solche, die man als Peitsche verwenden kann). Er trug sie zum Anwesen von Lin Xiangru, kniete sich vor diesen und bat um Vergebung: „Ich bin ein verachtenswerter Mensch, unwissend um Euren Edelmut mir gegenüber." Lin Xiangru half ihm ohne Zeit zu verlieren auf. Von da an herrschte unter den Generälen und Ministern des Staates Zhao Eintracht und ferner wagte Qin keine weiteren Angriffe gegen Zhao.

Aufgaben

a) Kreuzen Sie die richtige Antwort an.

1) Was tat König von Zhao mit Lin Xiangru nach dem Treffen von Mianchi?
   - A Er beförderte ihn in das Amt des Kanzlers.
   - B Er entließ ihn aus seinem Dienst.
   - C Er ließ ihn einsperren.
   - D Er verbannte ihn aus dem Reich.

2) Weshalb war Lian Po unzufrieden mit der Beförderung von Lin Xiangru?
   - A Lin Xiangru war nicht loyal gegenüber dem König.
   - B Lian Po war eifersüchtig und wollte den Posten selbst haben.
   - C Seiner Meinung nach war Lin Xiangru des neuen Amtes unwürdig.
   - D Lin Xiangru war zu häufig krank.

3) Wie reagierte Lin Xiangru auf die Worte von Lian Po, dass er ihn zu Gesicht bekommen und die Leviten lesen würde?

A Er stellte sich der Konfrontation und forderte Lian Po heraus.

B Er vermied jedwede Begegnung mit Lian Po.

C Er trat von seinem Amt als Kanzler zurück.

D Er verbündete sich mit anderen Ministern gegen Lian Po.

4) Was war der Grund, weshalb die Gäste in Lin Xiangrus Anwesen unzufrieden waren?

A Weil Lin Xiangru Lian Po zu sehr fürchtete.

B Weil Lian Po Lin Xiangru öffentlich kritisiert hatte.

C Weil Lin Xiangru sich zu wenig um sie kümmerte.

D Weil Lian Po eine höhere Stellung als Lin Xiangru haben sollte.

5) Was antworteten Lin Xiangrus Gäste, als er sie fragte, wer schwieriger im Umgang sei, Lian Po oder der König von Qin?

A Der König von Qin.

B Lian Po.

C Beide sind gleich schwierig.

D Keine Antwort.

6) Was sagte Lin Xiangru zu seinen Gästen, als diese sich über Lian Pos Verhalten beschwerten?

A Dass er Lian Po zurechtweisen würde.

B Dass er Lian Po aus dem Amt entfernen würde.

C Dass er sich nicht vor Lian Po fürchte.

D Dass er die Beschwerden seiner Gäste verstehen könne und darüber nachdenken werde.

7) Welchen Grund gab Lin Xiangru dafür an, dass er Lian Po aus dem Weg ging?

A Er fürchtete um seine eigene Sicherheit.

B Er hatte eine persönliche Abneigung gegen Lian Po.

C Er hatte Angst vor dem Tiger von Lian Po.

D Er vermied eine Auseinandersetzung mit Lian Po zum Wohle des Reichs.

8) Was war Lian Pos Reaktion auf Lin Xiangrus Aussage?

A Er gab zu, im Unrecht gewesen zu sein, und bat um Vergebung.

B Er forderte Lin Xiangru heraus, um seine Ehre wiederherzustellen.

C Er ignorierte Lin Xiangrus Aussage und setzte seine Feindschaft fort.

D Er bat König Huiwen von Zhao um Hilfe.

b) **Welche Bedeutung haben die fettgedruckten Textstellen? Versuchen Sie, sich die Antworten anhand des Kontextes zu erschließen:**

1) jemandem die Stirn bieten: ____________________

2) jemanden zu Gesicht bekommen: ____________________

3) jemanden die Leviten lesen: ____________________

4) sich wie ein Lauffeuer verbreiten: ____________________

5) ganz zu schweigen von: ____________________

6) im Unrecht sein: ____________________

c) **Arbeiten Sie nun gemeinsam mit einer Partnerin oder einem Partner. Fassen Sie die Charaktereigenschaften von Lin Xiangru und Lian Po in einer Liste zusammen. Belegen Sie jede Nennung durch mindestens eine Textstelle in den Geschichten. Gehen Sie dabei auch über die in den Texten genannten Begriffe hinaus. Sie dürfen ein Wörterbuch verwenden, um passende Beschreibungen nachzuschlagen.**

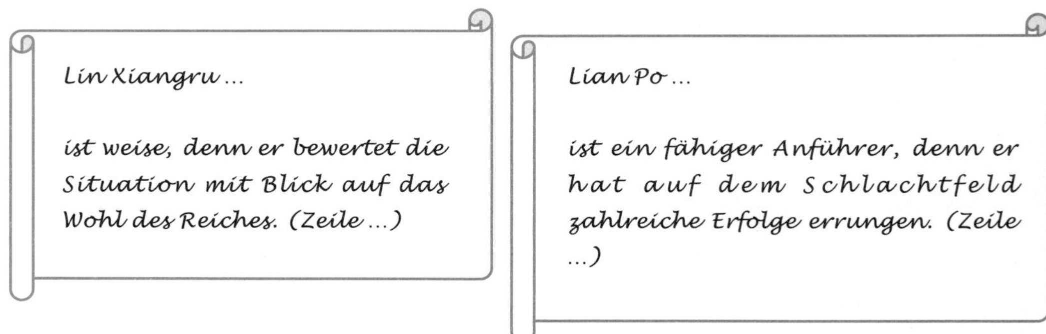

d) **Nehmen Sie in Einzelarbeit nun Ihre Listen aus Aufgabe 3c) zur Hand und markieren Sie die Eigenschaften, welche Ihrer Meinung nach ausschlaggebend dafür waren, dass Lin Xiangru und Lian Po ihrem Vaterland große Dienste erwiesen haben. Versuchen Sie dabei, so wählerisch wie möglich zu sein. Stellen Sie anschließend Ihre Auswahl Ihrer Partnerin oder Ihrem Partner vor. Erklären Sie dabei, weshalb Sie sich so entschieden haben.**

e) Sie haben in dieser Lektion bereits eigenständig und gemeinsam mit Ihren Klassenkameraden über die Eigenschaften von heldenhaften Personen als auch die verschiedenen Möglichkeiten nachgedacht, wie dem Vaterland ein Dienst erwiesen werden kann. Arbeiten Sie nun mit einer Person zusammen, mit der Sie sich bisher noch nicht ausgetauscht haben. Stellen Sie sich gegenseitig Ihre Inhalte aus dem Unterricht vor:

- Welche heldenhaften Personen haben Sie in der Diskussion mit den anderen besprochen? Welche Taten und welche Eigenschaften zeichneten diese Helden aus?
- Waren die Sichtweisen von Ihnen und Ihren Klassenkameraden ähnlich?
- Können Sie abschließend „den einen Helden" oder „den einen Dienst am Vaterland" charakterisieren, oder gibt es mehrere Möglichkeiten? Warum? Welche?

Vokabelliste

Text 1

unermesslich	endlos; (scheinbar) grenzenlos
ratlos	unsicher; nicht wissend, was zu tun ist; keinen Rat wissend
sich etw. leisten können	sich etw. erlauben können; etw. tun können, ohne größere negative Konsequenzen fürchten zu müssen
weitsichtig	vorausschauend
der/die Gesandte	diplomatische/r Vertreter/in eines Staates; Botschafter/in
sich etw. zu eigen machen	etwas für sich beanspruchen oder aneignen
abtreten	etw. aufgeben oder weggeben
im Unrecht sein	Unrecht haben; falsch liegen
sein Wort halten	ein Versprechen halten, die Zusage einhalten
sich nach ... begeben	an einen bestimmten Ort gehen oder reisen
mustern	genau betrachten; prüfen
vermögen	fähig sein, etw. zu tun oder zu erreichen
die Bewunderung, -en	Anerkennung, Hochachtung
die Konkubine, -n	eine Frau, die mit einem Mann ohne Ehe zusammenlebt; eine Nebenfrau
unverzüglich	sofort; ohne Verzögerung
zornig	wütend; verärgert
ehrliche Absicht	aufrichtiges Bestreben; ohne bösen Vorsatz

guter Glaube	die Überzeugung, dass jemand ehrlich und aufrichtig ist
nicht im Geringsten	überhaupt nicht
habhaft werden	in Besitz nehmen, ergreifen
der Pfeiler, -	eine tragende Säule oder Stütze

Text 2

jmdn. hinter das Licht führen	jmdn. betrügen oder täuschen
fasten	für eine bestimmte Zeit auf Essen und manchmal auch auf Trinken verzichten
willens sein	bereit oder entschlossen sein, etw. zu tun
der/die Bedienstete	jemand, der bei einer Privatperson gegen Entlohnung Dienst tut
abseits	entfernt von etw.
unbeschwert	frei von Sorgen oder Schwierigkeiten; sorgenfrei
verneigen	sich respektvoll oder höflich verbeugen
vor Wut schäumen	sehr wütend sein
jmdn. an der Nase herumführen	jmdn. täuschen oder hinters Licht führen
jmdn. festnehmen	jmdn. verhaften oder gefangen nehmen
jmdn. gegen sich aufbringen	jmdn. verärgern; sich jmdn. zum Feind machen
ein Anliegen ausschlagen	eine Bitte oder Anfrage ablehnen
der Einwand, ¨e	eine Kritik oder ein Gegenargument
entmutigt	mutlos, ohne Hoffnung oder Zuversicht

eine Angelegenheit ruhen lassen	eine Sache aufschieben oder nicht weiterverfolgen

Text 3

die Wortgewandtheit	die Fähigkeit, sich in Worten geschickt und eloquent auszudrücken
die Tapferkeit (nur Sg.)	unerschrockenes und mutiges Verhalten im Augenblick der Gefahr
die Findigkeit (nur Sg.)	die Fähigkeit, schnell und kreativ Lösungen für Probleme zu finden
gehoben	(sozial) höher stehend
Beamtenposten	eine Position im öffentlichen Dienst
die Zusammenkunft, ::e	das Treffen von Menschen an einem bestimmten Ort und zu einem bestimmten Zweck
der Oberbefehlshaber, -	die Person, die die oberste Autorität über eine Armee hat
feige	ängstlich; ohne Mut oder Tapferkeit
widerstreben	jmdm. zuwider sein; sich widersetzen
das Gefolge, -	Begleitung einer hochrangigen Persönlichkeit
das Festmahl, -e/::er	ein Essen in einem festlichen Rahmen; Bankett
außer sich sein	sehr aufgeregt oder wütend sein
sich auf etw. verstehen	Erfahrung oder Wissen in einem bestimmten Bereich haben
das Geheiß (nur Sg.)	eine Anweisung oder ein Befehl
die Erheiterung, -en	eine Situation oder Handlung, die Freude und Vergnügen bereitet
die böse Miene	ein Gesichtsausdruck, der Feindseligkeit oder Wut zeigt

sich zu etw. herablassen	etw. tun, das man normalerweise als unwürdig oder unter seinem Niveau betrachtet
das Schauspiel, -e	eine Aufführung auf der Bühne oder im Film; *hier* ein Anblick oder Vorgang, dem eine bestimmte Dramatik zu eigen ist und die Aufmerksamkeit auf sich zieht
zurückweisen	jmdn. ablehnen, abweisen oder von sich weisen; eine Behauptung oder Beschuldigung für falsch oder unwahr erklären
einschüchtern	jmdm. Angst machen und ihm dadurch den Mut zu etw. nehmen
widerwillig	unwillig, etw. zu tun; etw. sehr ungern tun
anweisen	beauftragen; jmdn. etw. befehlen
der Scharfsinn (nur Sg.)	die Fähigkeit, schnell und klar zu denken und Probleme effektiv zu lösen
die Oberhand gewinnen	in einer Situation überlegen sein

Text 4

der Kanzler, -	相国
rühmlich	rühmenswert; hohe Bekanntheit und Anerkennung verdienend
das Heer, -e	Gesamtheit der Streitkräfte eines Staates; Armee
sich verdienstlich machen	durch seine Taten oder Leistungen Anerkennung und Wertschätzung verdienen
innehaben	im Besitz oder in der Position von etw. sein
die Belagerung, -en	eine militärische Aktion, bei der eine Stadt oder Festung umzingelt und durch Aushungern zur Aufgabe gezwungen wird

die Schlacht, -en	ein Kampf oder Gefecht zwischen zwei Armeen
jmdn. zu Gesicht bekommen	jmdn. sehen oder treffen
die Rangfolge, -n	Rangordnung, Hierarchie
fernbleiben	(an etw.) nicht teilnehmen
etw. vorgeben	etw., das nicht den Tatsachen entspricht, als Grund für etw. angeben
das Anwesen, -	ein größeres, als Wohnsitz genutztes und bebautes Grundstück
eingebildet	sich überlegen fühlen
das Geschwätz (nur Sg.)	nutzloses oder belangloses Gerede, Geschwafel
sich davonmachen	weggehen, verschwinden
der Umgang, ¨-e	sozialer Austausch oder gesellschaftlicher Verkehr (mit jmdm.)
tadeln	das Verhalten einer Person kritisieren
demütigen	jmdn. durch Worte oder Handlungen in seiner Würde oder seinem Stolz verletzen
die Belange (Pl.)	Angelegenheiten oder Themen
in Windeseile	sehr schnell oder in kürzester Zeit
der Mönchspfeffer	荆
die Peitsche, -n	eine lange Schnur an einem Stab, mit der man Tiere oder Menschen kraftvoll schlagen kann
die Vergebung, -en	Akt des Verzeihens
verachtenswert	keine Achtung oder Respekt verdienend
der Edelmut (nur Sg.)	die Eigenschaft, großzügig und uneigennützig zu sein
die Eintracht (nur Sg.)	Zustand der Harmonie und des friedlichen Zusammenlebens

Projektaufgabe 1

Halten Sie eine inspirierende Rede von 2 bis 5 Minuten Länge über eines der folgenden Themen:

1. Wählen Sie eine Lehre von Konfuzius und erläutern Sie sie in Ihrer Rede. Betonen Sie die Bedeutung dieser Lehre für das Individuum als auch für die Gesellschaft.

   Aufbau:

   1. Wie lautet die Lehre, für die Sie sich entschieden haben?
   2. Warum ist diese Lehre so wichtig?
   3. Nennen Sie ein konkretes Beispiel aus dem Alltag, in dem diese Lehre Anwendung findet.

2. Wählen Sie eine Persönlichkeit aus der chinesischen oder deutschen Geschichte, die Sie als Heldin oder Helden betrachten.

   Aufbau:

   1. Beschreiben Sie in Ihrer Rede, welche Eigenschaften diesen Menschen auszeichnen.
   2. Zeigen Sie auf, wie sein Leben und seine Taten als Vorbild dienen können und welche Lehren man aus seinem Beispiel ziehen kann.

03

Was wahre Freundschaft ausmacht

1 Yu Boya zerschlägt seine Zither in Gedenken an seinen Freund

Yu Boya war ein berühmter Musiker zur Zeit der Frühlings- und Herbstannalen und hatte zudem ein Amt als Diplomat im Staat Jin inne. Obwohl jedermann seine Spielkunst bewunderte, hatte er das Gefühl, dass niemand ihn und seine Musik wirklich verstehen konnte.

Eines Tages begab sich Yu Boya als Botschafter in den Staat Chu. Dort kam er mit dem Schiff an der Flussmündung in der Stadt Hanyang an. Wegen heftigen Wellengangs ankerte das Schiff neben einem kleinen Berg.

Am Abend ebbten die Wellen wieder ab. Der Himmel klarte auf und der Mond leuchtete hell. Der Ausblick war wahrlich bezaubernd. Yu Boya verspürte eine große Lust, auf seiner Zither zu spielen. Also holte er sie hervor und vertiefte sich in sein Spiel. Als er vollständig in den Fluss der Musik eingetaucht war, sah er plötzlich eine Gestalt an der Küste stehen, die sich nicht von der Stelle rührte. Yu Boya erschrak und die Musik brach abrupt ab (1).

1 Gerade als Yu Boya sich verwirrt fragte, warum dort jemand stand, rief die Person: „Werter Herr, Ihr müsst Euch keine Gedanken machen. Ich kam hier nur zufällig vorbei, da ich Feuerholz sammelte. Ich hörte Eure kunstvolle Musik und konnte ich nicht anders, als zu lauschen."

Im Mondlicht konnte Yu Boya neben der Gestalt ein Bündel Feuerholz erkennen. Es handelte sich also tatsächlich um jemanden, der Feuerholz gesammelt hatte. Yu Boya fragte sich, ob denn solch ein einfacher Mann überhaupt etwas von seiner Musik verstehen könnte. Er fragte: „Da Ihr anscheinend etwas von Musik versteht, dann sagt mir bitte, welches Lied ich eben spielte." Der Holzsammler entgegnete: „Werter Herr, was Ihr eben spieltet, war das Lied *Konfuzius lobt seinen Schüler Yan Hui*. Es ist nur sehr bedauerlich, dass Ihr nach dem vierten Vers aufhörtet zu spielen."

Die Antwort des Holzsammlers war tatsächlich korrekt. Yu Boya war hoch erfreut. Umgehend lud er ihn ein, auf das Boot zu kommen und sich weiter zu unterhalten. Der Holzsammler hieß Zhong Ziqi und lebte in den umliegenden Bergen. Zhong Ziqi betrachtete die Zither von Yu Boya und sagte: „Dies ist eine

Zither, die mit kostbarer Jade verziert wurde. Es wird gesagt, dass der legendäre Herrscher Fuxi sie geschaffen hat." Danach erzählte er von der Entstehungsgeschichte der Zither. Als Yu Boya der Erzählung von Zhong Ziqi lauschte, kam heimliche Bewunderung in ihm auf.

Yu Boya spielte für Zhong Ziqi noch viele weitere Lieder und bat ihn, die jedem Lied innewohnende Bedeutung herauszufinden. Als er gerade eine sehr kräftige Stelle spielte, sagte Zhong Ziqi: „Es ist wahrlich wunderhaft! Ich habe die emporragenden Berge gesehen." Als der Klang der Zither seichter und fließender wurde, sprach Zhong Ziqi: „Ich habe das unablässige Plätschern der Wellen im Fluss gehört!" Yu Boya war freudig überrascht, als er das hörte. Er hätte es nie erwartet, jemandem zu begegnen, der ihn und seine Musik so sehr verstand. Die zwei unterhielten sich bis tief in die Nacht hinein. Obwohl sie einander an diesem Abend zum ersten Mal begegneten, fühlten sie sich bereits so vertraut wie alte Freunde (2). Sie verabredeten, sich in einem Jahr wieder an jener Stelle zu treffen.

Im darauffolgenden Jahr kam Yu Boya wie verabredet zu der Flussmündung. Dort wartete er und wartete, doch sah nirgends das geringste Anzeichen von Zhong Ziqi. Also spielte er auf seiner Zither, um damit seinen Freund herbeizurufen. Aber auch nach einer längeren Weile sah er immer noch niemanden kommen.

Am Tag darauf erfragte er bei einem alten Mann den Wohnort von Zhong Ziqi. Der alte Mann erzählte ihm, dass Zhong Ziqi bereits vor einigen Monaten an einer Krankheit verstorben war (3). Auf seinem Sterbebett hatte er gesagt, dass er sein Grab an der Flussmündung errichtet haben wollte, damit er dem Spiel von Yu Boya beiwohnen könne.

Diese Worte erfüllten Yu Boya mit tiefer Trauer. Er besuchte das Grab von Zhong Ziqi und spielte ein Klagelied für seinen verstorbenen Freund (4). Danach sprach er: „Wenn die einzige Person, die mich und meine Musik wirklich verstehen konnte, nicht mehr am Leben ist, für wen kann diese Zither dann noch spielen?" Danach nahm er seine geliebte Zither und zerschmetterte sie auf dem Grabstein (5). Seitdem hatte Yu Boya nie wieder auf einer Zither gespielt.

Aufgaben

a) Lesen Sie den Text. Ordnen Sie die Überschriften den passenden Abschnitten zu.

1) Der Fremde gibt sich zu erkennen
2) Die verpasste Verabredung
3) Yu Boya reist nach Chu
4) Das Ende der Freundschaft und das Ende der Karriere
5) Yu Boyas Spiel wird unterbrochen
6) Der berühmte Zitherspieler Yu Boya
7) Geteilte Leidenschaft
8) Der Fremde stellt sein Wissen unter Beweis
9) Die Geschichte der Zither
10) Die traurige Nachricht

b) Ordnen Sie die Gefühle den unterstrichenen Abschnitten im Text zu.

- ☐ Angst
- ☐ Trauer
- ☐ Überraschung
- ☐ Freude
- ☐ Wut

c) Schreiben Sie ein alternatives Ende. Setzen Sie nach Absatz acht fort (... Weile sah er immer noch niemanden kommen.) (100-150 Wörter)

d) Machen Sie sich Notizen zu den folgenden Fragen. Bringen Sie Ihre Notizen mit in den Unterricht.

1) Wie lernten Yu Boya und Zhong Ziqi einander kennen?
2) Was verbindet die beiden miteinander?
3) Wie würden Sie die Beziehung beschreiben?
4) Was ist Ihnen in einer Freundschaft wichtig?

e) Arbeiten Sie zu zweit. Tauschen Sie sich mit Ihrer Partnerin oder Ihrem Partner über die Fragen 1-3 aus 1d) aus.

2  Die Freundschaft der Herren Bao und Guan

1 Zur Zeit der Frühlings- und Herbstannalen lebten im Staat Qi zwei Gelehrte, Guan Zhong und Bao Shuya. Die beiden waren gute Freunde und ergänzten einander mit ihren Eigenschaften ausgezeichnet. Während der eine klug und talentiert war, war der andere in Moral und Tugend bewandert. Guan Zhong kam aus einfachen Verhältnissen, Bao Shuya aus wohlhabendem Hause, doch trotz ihrer Verschiedenheiten vertrauten sie einander blind. Schließlich wurden sie beide als Lehrer für die jungen Thronfolger des Staates eingestellt und arbeiteten zusammen. Guan Zhong unterrichtete den jungen Jiu, während Bao Shuya dessen Bruder Xiaobai unterrichtete.

2 Nach dem Tod des Herzogs Xi von Qi wurde der älteste Bruder zum Herzog Xiang von Qi gekrönt. Dieser fürchtete, die jüngeren Brüder könnten es auf seinen Thron abgesehen haben und überlegte, wie er Jiu und Xiaobai unschädlich machen konnte. Um sich zu schützen, flohen die Brüder aus dem Staat Qi. Guan Zhong reiste mit Jiu in den Staat Lu, während Bao Shuya mit Xiaobai in den Staat Ju floh und somit die Freunde zunächst getrennte Wege gehen mussten. Doch nach nicht allzu langer Zeit kam es im Staat Qi zu inneren Unruhen, bei denen Herzog Xiang ums Leben kam. Als die beiden Brüder dies hörten, wollten sie schnellstmöglich die Thronfolge für sich bestimmen und eilten zurück in ihren Heimatstaat.

3 Um Xiaobai an der Heimkehr zu hindern, zog Guan Zhong mit einigen Soldaten los, um ihm den Weg zu versperren. Guan Zhong schoss einen Pfeil auf Xiaobai und glaubte, ihn getroffen zu haben. Doch er hatte bloß einen Haken, der an dem Taillengürtel Xiaobais befestigt war, getroffen. Gleichzeitig tat Xiaobai jedoch so, als hätte Guan Zhong ihn schwer verwundet und ließ sich von seinem Pferd fallen. Da Guan Zhong nun dachte, er habe Xiaobai unschädlich gemacht, ritt er in aller Seelenruhe mit Jiu nach Hause. Doch im Staat Qi angekommen, erlebten sie ihr blaues Wunder: Der nicht tote Xiaobai hatte sich längst zum Herzog Huan von Qi krönen lassen!

4 Guan Zhong wollte nicht aufgeben und rückte mit der Armee des Staates Lu aus. Doch es kam zu einer bitteren Niederlage und am Ende verlangte der Staat

Qi, dass man Jiu töten ließe und Guan Zhong auslieferte.

5 Der neugekrönte Herzog Huan von Qi ließ Bao Shuya zu seinem Beamten ernennen und wollte Guan Zhong hinrichten lassen. Doch Bao Shuya trat für seinen Freund ein und erklärte Herzog Huan: „Guan Zhong tat nichts Geringeres als seinem Herrscher zu dienen. Daher rate ich Euch, ihm zu verzeihen und ihn ebenfalls zu Eurem Beamten zu ernennen. Sein Talent überragt meines um Längen und er wird alles tun, um Euren Staat zu Wohlstand zu bringen." Diese Worte überzeugten den Herzog und er ernannte auch Guan Zhong zum Beamten.

6 Mit der Unterstützung des Herzogs setzte Guan Zhong tatsächlich eine Reihe erfolgreicher Reformen um, die dem Staat innerhalb weniger Jahre zu Wohlstand verhalfen. Um Guan Zhong noch mehr Möglichkeiten zu geben, sich zu entfalten, zog Bao Shuya sich aus dem Politikgeschehen zurück und tauchte unter.

7 Eines Tages starb Bao Shuya. Weinend stand Guan Zhong an seinem Grab und sprach unter Seufzen: „Früher betrieben Bao Shuya und ich gemeinsam Handel und verdienten dabei gemeinsam Geld. Von den Einnahmen bekam ich immer etwas mehr als er. Da sagten manche Menschen, ich würde nur immer versuchen, möglichst viel Gewinn für mich selbst herauszuschlagen. Doch Bao Shuya sagte: ‚Guan Zhong kommt aus einfachen Verhältnissen, es steht ihm zu, mehr zu bekommen.' Ich diente in meinem Leben schon als Beamter für mehrere Staaten, doch aus allen wurde ich bisher verjagt. Da sagten manche Menschen, ich sei ein Nichtsnutz. Doch Bao Shuya sagte: ‚Er hat einfach noch keinen würdigen Herrscher gefunden!' Ich kämpfte schon in vielen Kriegen. Doch immer, wenn es zu einem Angriff durch die Gegner kam, nahm ich die Beine in die Hand. Da sagten manche Menschen, ich sei ein Feigling. Doch Bao Shuya sagte: ‚Guan Zhong hat seine alte Mutter zu Hause. Stürbe er, könnte er sich nicht mehr um sie kümmern!' Ach, Vater und Mutter, ihr habt mich zwar zur Welt gebracht, doch wer mich wirklich versteht, ist einzig Bao Shuya!"

8 Später benutzte man „die Freundschaft der Herren Bao und Guan", um enge Freundschaft zu beschreiben.

Aufgaben

a) Lesen Sie den Text. Was passt zusammen? Verbinden Sie die Sätze.

1 Xiaobai	A schätzten einander sehr.
2 Bao Shuya	B wurde von Bao Shuya unterrichtet.
3 Jiu & Xiaobai	C kam aus gutem Hause.
4 Guan Zhong	D waren Brüder.
5 Jiu	E wurde zum Herzog gekrönt.
6 Bao Shuya & Guan Zhong	F trauerte um seinen Freund.

b) Wie werden Bao Shuya und Guan Zhong beschrieben? Schreiben Sie die Eigenschaften der Beiden in eine Tabelle.

Guan Zhong	Bao Shuya
– aus einfachen Verhältnissen – ...	– aus wohlhabendem Hause – ...

c) Was bedeuten die unterstrichenen Ausdrücke im Text? Kreuzen Sie an.

1) „Dieser fürchtete, die jüngeren Brüder könnten es auf seinen Thron abgesehen haben."

A würden jeweils selbst herrschen wollen.

B sähen sich schon selbst auf dem Thron sitzen.

C würden den Thron zerstören wollen.

2) „... und überlegte, wie er Jiu und Xiaobai unschädlich machen konnte."

A Jiu und Xiaobai Schaden zufügen konnte.

B dafür sorgen konnte, dass Jiu und Xiaobai keinen Schaden mehr anrichteten.

C den Schaden, den Jiu und Xiaobai angerichtet hatten, rückgängig machen konnte.

3) „Als die beiden Brüder dies hörten, wollten sie schnellstmöglich die Thronfolge für sich bestimmen ..."

A selbst bestimmen, wer der Thronfolger werden sollte

B jeweils selbst Thronfolger werden

C ihre Macht als Thronfolger nach ihren eigenen Wünschen ausweiten

4) „Gleichzeitig tat Xiaobai jedoch so, als hätte Guan Zhong ihn schwer verwundet ..."

A täuschte Xiaobai vor, von Guan Zhong verwundet worden zu sein

B versuchte Xiaobai, sich den Schmerz der Verwundung nicht anmerken zu lassen

C fügte sich Xiaobai eine Wunde zur Täuschung Guan Zhongs zu

5) „Doch im Staat Qi angekommen, erlebten sie ihr blaues Wunder: Der nicht tote Xiaobai hatte sich längst zum Herzog Huan von Qi krönen lassen!"

A erwartete sie eine traurige Überraschung

B erwartete sie eine erfreuliche Überraschung

C erwartete sie eine unangenehme Überraschung

6) „Doch immer, wenn es zu einem Angriff durch die Gegner kam, nahm ich die Beine in die Hand."

A kauerte ich mich vor Angst zusammen

B rannte ich schnell fort

C musste ich mich dazu zwingen, handlungsfähig zu bleiben

d) Schreiben Sie mit jedem der folgenden Ausdrücke (a-f) einen Satz zum Thema Freundschaft. Benutzen Sie Ihre Kreativität. Der genaue Inhalt steht Ihnen frei. Lesen Sie anschließend Ihrer Partnerin oder Ihrem Partner die Sätze vor.

Beispiel: Frau von Wolfenstein befürchtet, dass ihre Freunde es nur auf ihr Geld abgesehen haben.

a. es auf jmdn./etw. (Akk.) abgesehen haben

b. jmdn./etw. (Akk.) unschädlich machen

c. etw. (Akk.) für sich bestimmen

d. so tun, als ob / als + Konjunktiv

e. sein/ihr blaues Wunder erleben

f. die Beine in die Hand nehmen

e) Diskutieren Sie zu zweit die folgenden Fragen. Teilen Sie anschließend Ihre Ergebnisse im Plenum.

1) Was verbindet Bao Shuya und Guan Zhong miteinander?

2) Wie würden Sie die Beziehung der beiden beschreiben?

3) Welche Unterschiede und Gemeinsamkeiten gibt es zu der Freundschaft von Yu Boya und Zhong Ziqi aus Text 1?

4) Was ist der Unterschied zwischen Freundschaft und Liebe?

3  Das Kind aus dem Flaschenkürbis – Teil 1

1 Es war einmal eine alte Mutter. Sie hatte eine Tochter namens Chunjie. Chunjie war nicht bloß charmant und hübsch, sondern auch flink und geschickt, denn sie vermochte es, Stoffe so frisch wie Blumen und so strahlend wie Wolken zu **weben**.

2 Eines schönen Frühlingstages fand Chunjie beim Weben im Hof eine verletzte Schwalbe. Sie verband ihr die Wunden und **päppelte** sie **auf**, sodass die Schwalbe nach einiger Zeit wieder losfliegen konnte.

3 Am nächsten Tag kam die Schwalbe mit einem goldglänzenden Flaschenkürbissamen im Schnabel zurückgeflogen. Chunjie freute sich sehr und pflanzte das Saatkorn direkt neben die Ulme, die im Hof stand. Jeden Tag wässerte und **düngte** sie den Samen. Nach gar nicht allzu langer Zeit schoss ein kleiner Spross hervor, ganz grün und zart. Bald darauf erblühte der Spross schon kraftvoll in strahlendem Weiß. Als die Blüte letztlich abfiel, brachte die Pflanze einen kleinen jadegrünen Flaschenkürbis hervor.

4 Der kleine Kürbis wurde Tag für Tag größer und wechselte seine Färbung allmählich von grün zu gelb. Zum Schluss glänzte er in sattem Gelb. Er war reif. Chunjie war entzückt. Sie konnte nicht mehr an sich halten und streckte die Hände nach dem goldenen Kürbis aus, um ihn zu berühren. Doch da ertönte bloß ein „Pumm" und der kleine Flaschenkürbis **barst auf**. Aus ihm hervor sprang ein hinreißendes kleines Baby mit hochgeflochtenem Haar und grüner Schürze. Seine Arme und Beine glichen zarten Lotoswurzeln. Chunjie und ihre alte Mutter behandelten das Kind wie einen Schatz. Sie nannten es „Flaschenkürbiskind".

5 Zwar war das Kürbiskind bloß einen Zoll groß, doch war es ein ausgesprochen tüchtiges und auch pfiffiges kleines Kerlchen. Es half Chunjie beim Spinnen und Weben, und die Stoffe, die es herstellte, erstrahlten nicht nur bunt und frisch, sondern **verströmten** obendrein einen aromatischen Duft. Der Duft der Stoffe lockte zwei Vögel und einen bunten Schmetterling an, welche anmutig durch die Lüfte tanzten.

6 Eines Tages **bahnte sich** Unheil **an**, denn es kam urplötzlich eine kräftige

Sturmbö angeweht. Der Wind warf Sandkörner und sogar Steine durcheinander und hüllte Himmel und Erde in Dunkelheit. Jeder, der schnell genug war, schloss seine Haustür fest zu. Doch für Chunjie war es zu spät – nach dem Unwetter war von ihr keine Spur mehr. Ihre alte Mutter schrie und **schluchzte** vor Kummer. Überall suchte sie nach ihrer Tochter, aber es half nichts. Auch wenn sie sich die Augen noch so wund und rot weinte – von Chunjie fehlte jede Spur.

Aufgaben

a) Lesen Sie den Text. Nummerieren Sie die Ereignisse dem Text entsprechend chronologisch.

A Die Schwalbe bringt Chunjie den Samen.
B Chunjie päppelt die Schwalbe auf.
C Die Pflanze blüht.
D Es zieht ein Sturm auf.
E Der Duft lockt einige Tiere an.
F Das Flaschenkürbisbaby webt duftende Stoffe.
G Chunjie verschwindet spurlos.
H Das Flaschenkürbisbaby kommt zum Vorschein.

Die richtige Reihenfolge ist: ______________________.

b) Ordnen Sie die Verben anhand ihrer Verwendung im Text den Bedeutungen zu. Verbinden Sie.

1 weben	A in mehrere Teile zerspringen und den Inhalt freigeben
2 aufpäppeln	B Fäden zu einem soliden Stoff verbinden
3 düngen	C absondern; einen intensiven Geruch haben
4 aufbersten	D bitterlich und laut weinen
5 verströmen	E erste Vorzeichen zeigen
6 sich anbahnen	F rundum versorgen; aktiv zur Genesung verhelfen
7 schluchzen	G den Boden zum besseren Pflanzenwachstum mit Nährstoffen versorgen

c) Arbeiten Sie zu viert. Schreiben Sie die Geschichte gemeinsam weiter. Sie stellen eine Stoppuhr auf 5 Minuten. In dieser Zeit schreibt jeder Studierende die Geschichte weiter ab „... – von Chunjie fehlte jede Spur". Nach 5 Minuten reicht jeder das Blatt an seinen Nachbarn weiter. Nachdem dieser den Text seiner Vorgänger gelesen hat, hat er nun wieder 5 Minuten Zeit, um selbst weiterzuschreiben. Nach insgesamt vier Durchläufen endet das Schreiben. Der Letzte sollte versuchen, ein rundes Ende für die Geschichte zu finden. Derjenige, der die Geschichte zuletzt vor sich hat, liest in der Gruppe vor.

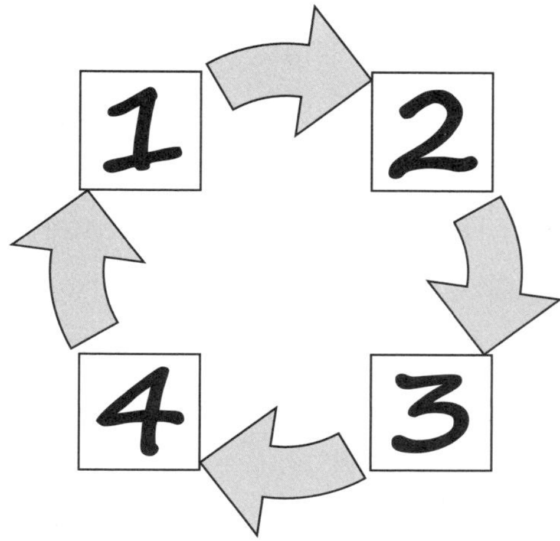

d) Entscheiden Sie sich zu viert für eine Geschichte, die Sie dem Kurs vorlesen möchten. Wählen Sie ein Gruppenmitglied, das diese im Kurs vorträgt.

e) Diskutieren Sie zu zweit die folgenden Fragen. Teilen Sie anschließend Ihre Ergebnisse im Plenum.

1) Was verbindet Chunjie und das Flaschenkürbisbaby miteinander?
2) Wie würden Sie die Beziehung der beiden beschreiben?
3) Was ist der Unterschied zwischen Freundschaft und Verwandtschaft?
4) Mit welcher Art von Freundschaft aus den Geschichten 1-3 können Sie sich am ehesten identifizieren?

Das Kind aus dem Flaschenkürbis – Teil 2

1 Später kam der bunte Schmetterling herbeigeflogen und erzählte dem Flaschenkürbisbaby: „Im Nordwesten steht der sogenannte Schatzberg. Auf diesem Berg haust ein grüngesichtiger Kobold. Und jener Kobold liebt es, all die aufgeweckten jungen Mädchen dieser Welt zu stehlen."

2 Da das Flaschenkürbiskind fürchtete, die alte Mutter würde sich bald die Augen ausweinen, machte es sich kurzerhand mit den Vögeln auf den Weg zum Schatzberg. Sie liefen und liefen, bis sie schließlich in die heiße, trockene und unwirtliche Wüste gelangten. Die zwei Vögel fürchteten, womöglich zu verhungern und zu verdursten, ehe sie die Wüste durchquert hatten. Daher machten sie kehrt und ließen das Flaschenkürbiskind allein zurück.

3 Das Kürbiskind jedoch ließ sich nicht im Geringsten abschrecken. Seine Füße waren wund gelaufen, seine Lippen waren vor Austrocknung gesprungen, doch es biss beharrlich die Zähne zusammen und blieb stark. Schritt für Schritt kämpfte das Kind sich voran, bis es schließlich tatsächlich die Wüste hinter sich lassen konnte.

4 Das Flaschenkürbisbaby kam vor einem Dornengestrüpp an. Dahinter befand sich ein kleines Waldstück, in dem sich Wölfe und wilde Tiger tummelten. Es versuchte sich durch die Dornen zu schlagen, wobei es sich am ganzen Körper blutende Wunden zuzog, was wiederum umso mehr die wilden Tiger und Wölfe anlockte. Ohne lange zu zögern, streifte das Kürbiskind sich die blutüberströmte Schürze vom Leibe und warf sie kraftvoll mitten in die Wolfsmenge. Ein jeder Wolf wollte den Leckerbissen für sich erbeuten und sie stürzten sich auf die Schürze. Die weiter hinten stehenden wilden Tiger nahmen nun an, es gäbe etwas Seltenes zu ergattern, weswegen sie ebenfalls angestürzt kamen und schließlich ein Duell zwischen Tigern und Wölfen entbrannte.

5 Das Flaschenkürbiskind nutzte das Gefecht, um aus dem kleinen Waldstück zu entkommen und erkletterte den hohen Schatzberg. Zu dem Zeitpunkt hielt der grüngesichtige Kobold sich gerade in seinem Tigerfellsessel im großen Kristallsaal auf, wo er den kleinen Kobolden Unterricht gab. Das Flaschenkürbiskind war nun oben angekommen. Dort vernahm es schon die

Stimme der schluchzenden Chunjie, wie sie dort drin rief: „Oh Mutter, oh Flaschenkürbiskind! Niemals werden wir uns wiedersehen!"

6 Dem Kürbiskind fiel ein Stein vom Herzen! Schon hüpfte es durch das Gitterfenster hinein und verkündete: „Chunjie! Ich komme dich retten!"

7 Als das Kind Chunjie gerade aus der Steinhütte gerettet hatte, kam der grüngesichtige Kobold herein. Schnell schob das Flaschenkürbiskind Chunjie beiseite und befahl ihr, sich rasch aus dem Staub zu machen. Das Kürbiskind drehte sich um und lockte den Kobold in den großen Kristallraum. Dort gelang es dem Kind, durch einen engen und rutschigen Spalt in der Wand auf eine Säule zu klettern. Hin- und herspringend rief es laut: „Du böser Giftkobold! Hier oben bin ich!"

8 Doch der Kobold reichte nicht an das Kind heran. Stattdessen machte er sich vor Wut daran, die Säule durchzunagen. Plötzlich ertönte ein „Ka-wumm!" und die Säule brach, ja, die ganze Halle kollabierte! Der grüngesichtige Kobold wurde unter den Trümmern begraben.

9 Doch das Flaschenkürbiskind war unterdessen schon längst durch ein Deckenfenster aus dem Gebäude gesprungen. Schnellen Schrittes holte es Chunjie ein und die beiden kehrten gemeinsam zurück zu der alten Mutter.

Aufgaben

a) Lesen Sie den Text. Wer war es? Vervollständigen Sie die Sätze mit den richtigen Namen.

0) ____Die Tiger____ kämpften gegen die Wölfe.
1) ____________ lenkte die wilden Tiere mit der Schürze ab.
2) ____________ starb.
3) ____________ besiegte den grüngesichtigen Kobold.
4) ____________ wurde gerettet.
5) ____________ schluchzte.
6) ____________ fürchteten die Strapazen der Wüste.

b) **Ordnen Sie die Bilder entsprechend der Reihenfolge des Textes.**

Die richtige Reihenfolge ist: ______________________________.

c) **Worum geht es in der Geschichte? Wählen Sie den Satz, der am besten passt. Kreuzen Sie an.**

1) Wahre Freundschaft überwindet sämtliche Hindernisse.
2) Das Gute siegt immer.
3) Mut ist eine Tugend, die sich zu pflegen lohnt.

d) **Schreiben Sie einen Text, in dem Sie eine Freundin oder einen Freund präsentieren. Die folgenden Fragen dienen Ihnen als Leitfaden. (etwa 240 Wörter)**

- Wer ist Ihre Freundin oder Ihr Freund?
- Wann und wie haben Sie einander kennengelernt?
- Warum sind Sie befreundet?
- Was ist schön und was vielleicht manchmal nicht so schön an der Freundschaft?
- Lässt sich die Freundschaft mit einer der Freundschaften aus den Geschichten dieser Lektion vergleichen?

Vokabelliste

Text 1

der Wellengang, ⸚e	das Auf und Ab der Wellen
ankern	den Anker werfen; das Schiff mit einem Anker am Grund befestigen
abebben	kleiner werden (Wellen)
bezaubernd	entzückend; Zuneigung oder Bewunderung hervorrufend
eintauchen	sich mit der gesamten Aufmerksamkeit einer Tätigkeit widmen
die Gestalt, -en	Person, die man nicht kennt / nicht deutlich erkennen kann
abrupt	plötzlich und überraschend
das Bündel, -	einzelne Dinge, die zu einem Ganzen zusammengebunden sind
der Vers, -e	die Strophe; teil eines Liedes
lauschen	konzentriert zuhören
innewohnen	eine Eigenschaft besitzen; in etw. enthalten sein
emporragen	in hohe Höhen reichen
seicht	flach; untief (Wasser)
unablässig	ohne Unterlass; ohne Unterbrechung
verabreden	vereinbaren; ausmachen
auf dem Sterbebett	auf dem Bett kurz vor dem Tod
beiwohnen	(bei einem Ereignis / einer Zeremonie) anwesend sein
zerschmettern	mit Kraft zum Zerbrechen bringen

Text 2

einander ergänzen	eine harmonische Einheit bilden, weil der eine Partner die Eigenschaften/Fähigkeiten hat, die dem anderen fehlen
die Tugend, -en	vorbildliches moralisches Verhalten
bewandert	sehr erfahren
wohlhabend	reich an Geld
krönen	zum Herrscher machen und dabei die Krone aufsetzen
ums Leben kommen	(durch äußere Einwirkung) sterben
ausliefern	an die Organe eines anderen Staates übergeben
hinrichten	auf ein gerichtliches Urteil hin töten
verzeihen	vergeben
überragen	deutlich höher reichen als die umliegenden Dinge
untertauchen	sich (z.B. unter einem falschen Namen) an einem fremden Ort verstecken
Gewinn herausschlagen	aus einer Angelegenheit Geld/Vorteile für einen selbst ziehen
jmdm. zustehen	für jmdn. bestimmt sein; jmdm. gebühren
der Feigling, -e	der Angsthase; eine grundsätzlich ängstliche Person

Text 3

flink	schnell; leicht und geschickt in den Bewegungen
die Schwalbe, -n	eine kleine Vogelart, die ihre Nester aus Matsch baut

der Schnabel, ¨	der Teil des Kopfes, mit dem der Vogel Nahrung aufnimmt
der Spross, -e(n)	eine junge Pflanze, die gerade die Erde verlassen hat
entzückt	begeistert
bersten	plötzlich auseinanderbrechen; in mehrere Teile zerbrechen
die Schürze, -n	einfaches Kleidungsstück, das man sich vor die Brust / den Bauch bindet
tüchtig	fleißig
pfiffig	intelligent und geschickt mit Humor und Fantasie

Text 4

der Kobold, -e	kleine Gestalt, die gern Böses tut und Streiche spielt
das Dornengestrüpp, -e	ein stacheliges Gebüsch aus Dornenpflanzen
sich tummeln	mehrere Personen/Tiere bewegen sich an einem Ort lebhaft hin und her
ergattern	es schaffen, etw. Seltenes oder Knappes zu bekommen
das Duell, -e	ein Kampf zwischen zwei Personen; Zweikampf
entbrennen	plötzlich und mit Heftigkeit anfangen (Kampf/Streit)
durchnagen	durch wiederholtes Beißen mit den Zähnen durchtrennen
kollabieren	die Stabilität verlieren und in sich zusammenstürzen/umkippen

die Trümmer (Pl.)	die Reste; die einzelnen Teile eines zerstörten Ganzen

04

Gerechtes Handeln und eine gerechte Gesellschaft

1 Wer willentlich die Ohren verschließt, tappt im Dunkeln

1 Kaiser Tang Taizong war ein berühmter Kaiser des alten China. Seine herausstechende Eigenschaft war seine Kritikfähigkeit. Er hörte seinen Beratern stets zu, sah seine Fehler ein und zog alle Vorschläge in Erwägung, auch wenn sie vielleicht schmerzhaft waren.

2 Während seiner Amtszeit gab es einen Berater namens Wei Zheng, der für sein aufrichtiges Wesen und seine unverblümte Art, Kritik zu äußern, bekannt war. Immer wenn Wei Zheng der Meinung war, dass der Kaiser falsche Ansätze wählte, sagte er diesem offen ins Gesicht, was er dachte, ungeachtet dessen, ob es dem Kaiser gefiel oder nicht.

3 Einmal kam es am Kaiserhof zwischen den beiden zu einer hitzigen Auseinandersetzung über ein Thema. Kaiser Taizong konnte den Worten seines Beraters nicht länger zuhören und wollte seinen Ärger kundtun, doch dann besann er sich und hielt sich zurück, denn er wollte seinen Beamten nicht den Eindruck vermitteln, er höre seinen Beratern nicht zu. Nach den Verhandlungen war er immer noch wutgeladen und suchte seine Frau in den hinteren Gemächern auf, um seinem Ärger Luft zu machen: „Dieser ungehobelte Schweinepriester, eines Tages bringe ich ihn noch um!"

4 So wütend kannte seine Frau ihn gar nicht. Sie fragte ihn: „Wen genau wollt Ihr denn umbringen?" Der Kaiser antwortet: „Na diesen verdammten Wei Zheng! Immer muss er mich vor versammelter Beamtenschaft demütigen. Das lasse ich mir nicht länger gefallen!"

5 Die Frau des Kaisers sagte dazu gar nichts. Stattdessen zog sie sich in ihr Gemach zurück, kleidete sich in ihr gutes Gewand und kniete vor ihrem Mann nieder. Kaiser Taizong war verwirrt und als er sie fragte, was das zu bedeuten habe, erklärte sie: „Man sagt, nur die weisesten Herrscher hätten aufrichtige Beamten. Dass Berater Wei Zheng sich derart direkt äußern kann, muss an der Weisheit Eurer Hoheit liegen! Ich gratuliere Euch!"

6 Die Worte seiner Frau überzeugten Tang Taizong und seine Wut verwandelte sich in Freude. Seitdem sprach er nur noch lobend von Wei Zheng und verteidigte ihn häufig: „Alle sagen, Wei Zheng sei ungehobelt, doch ich weiß

genau diese Ehrlichkeit an ihm zu schätzen!"

7 Als Wei Zheng einige Jahre später an einer Krankheit verstarb, trauerte der Kaiser sehr. Er klagte: „Mit einem Bronzespiegel lässt sich das Aussehen überprüfen, mit einem ‚historischen Spiegel' lässt sich das Auf und Ab der Geschichte nachvollziehen, und mit einem ‚menschlichen Spiegel' lassen sich Gewinn und Verlust erkennen. Ach, wie gleicht doch Wei Zhengs Tod dem Verlust eines solchen menschlichen Spiegels!"

8 Dank Tang Taizongs Fähigkeit, Kritik anzunehmen konnte er während seiner Amtszeit viel Gutes für das Volk tun. Es herrschten Frieden und Ordnung, das Reich war gut verteidigt und die Wirtschaft florierte.

Aufgaben

a) Lesen Sie den Text. Kreuzen Sie die richtige Aussage an.

0) Wei Zheng sagte dem Kaiser stets offen seine Meinung. ☒
1) Kaiser Tang Taizong konnte schon immer gut zuhören. ☐
2) Der Kaiser ließ seinen Ärger an Wei Zheng aus. ☐
3) Die Frau des Kaisers fand, er solle Wei Zhengs Ehrlichkeit zu schätzen wissen. ☐
4) Die Frau des Kaisers sah in ihm einen weisen Herrscher. ☐
5) Kaiser Tang Taizong wusste nun Wei Zhengs Ehrlichkeit besser zu schätzen. ☐
6) Kaiser Tang Taizong vermisste Wei Zheng sehr. ☐
7) Dank dessen, dass der Kaiser Wei Zhengs Kritik annehmen konnte, florierte das Reich. ☐

b) Beschriften Sie die Bilder. Welche Begriffe aus dem Text könnten gemeint sein?

____

____

____

c) **Notieren Sie Stichpunkte zu den folgenden Fragen.**

1) Was sagt diese Geschichte über Ehrlichkeit aus?
2) Was macht laut diesem Text einen guten Herrscher aus?
3) In welchen Beziehungen des täglichen Lebens kann Ehrlichkeit wichtig sein? In welchen vielleicht weniger?

d) **Fassen Sie den Text kurz zusammen. (max. 100 Wörter)**

Eine Zusammenfassung

Eine Zusammenfassung besteht aus **Einleitung**, **Hauptteil** und **Schluss**.

In der **Einleitung** sollten **Titel** und **Thema** sowie, falls vorhanden, **weitere Eckdaten** genannt werden. Zu den Eckdaten gehören u.a.:
- Erscheinungsjahr, Erscheinungsort, Quelle, Textart, Autor, ...

Im **Hauptteil** sollten die **W-Fragen** beantwortet werden.
- Wo findet die Handlung statt?
- Wann findet die Handlung statt?
- Wer kommt im Text vor?
- Was passiert im Text?
- Warum passiert es?

Achtung: Es sollte nicht einfach der Inhalt chronologisch nacherzählt werden. Auch die eigene Meinung gehört nicht in die Zusammenfassung.

Im **Schlussteil** geht es schließlich darum, den Text noch einmal, ähnlich wie in der Einleitung, **in einigen wenigen Sätzen zusammenzufassen**. Außerdem ist ein **Fazit** ein guter Schluss für eine Zusammenfassung.

Merken Sie:
- Zusammenfassungen werden im **Präsens** geschrieben und sollten **nie länger als der Originaltext** sein.
- Beim Zusammenfassen eines nicht-argumentativen Textes wie einer Geschichte ist die eigene Meinung nicht unbedingt nötig.

Die Geschichte/Legende/Erzählung ... handelt von ...
In der Geschichte/Legende/Erzählung ... geht es um ...
Die Geschichte spielt in ...
Die Geschichte spielt zur Zeit der Streitenden Reiche. Der Dichter, Denker und Staatsmann Qu Yuan ...
Zuerst / Anschließend / Als nächstes / Danach / Im Anschluss / Zum Schluss ...
Abschließend / Zum Schluss lässt sich sagen, dass ...

e) Wählen Sie nachfolgend <u>einen</u> Text (Text 2, Text 3 oder Text 4) und lesen Sie ihn in Vorbereitung auf den Unterricht. Im Unterricht werden Sie nur den von Ihnen ausgewählten Text behandeln.

Hinweis: *Im Folgenden teilt sich der Kurs in drei Gruppen. Die erste Gruppe bearbeitet nur Text 2 mit den entsprechenden Aufgaben, die zweite Gruppe nur Text 3 und die dritte Gruppe nur Text 4.*

2 Ehrliche Worte schmerzen den Ohren

1 Im Jahr 206 v. Chr. nutzte Liu Bang, damals bekannt als Herzog von Pei, die Pläne von Zhang Liang und führte einen Überraschungsangriff auf Wuguan und Yaoguan durch. Seine Truppen hatten zuvor noch nie eine große Schlacht geschlagen und drängten trotzdem sogleich direkt bis nach Xianyang. Der Herrscher von Qin, namens Ziying, musste hilflos einsehen, dass die Situation nicht mehr zu retten war. Tränen liefen über seine Wangen, als er mit dem kaiserlichen Jadesiegel in den Händen aus der Stadt hinaus schritt und vor Liu Bang kapitulierte.

2 Liu Bang führte seine Armee in den Qin-Palast. Viele Generäle und Soldaten nutzten die Zeit der Rast und öffneten die Schatzkammer, wo sie die Reichtümer unter sich aufteilten. Liu Bang selbst besichtigte jeden Ort des Palastes. Er betrachtete die kunstvollen Ornamente, die Pavillons am Wasser und flanierte durch die Wandelgänge. Mit jedem Schritt wuchs seine Faszination.

3 Auch im Inneren des Palastes gab es viel zu bestaunen, und Liu Bang konnte sich gar nicht sattsehen. Mehrere Aufenthaltsräume für den Herrscher waren von prachtvoller Größe und exquisit erbaut. Darin ausgestellt waren allerart Vorhänge in verschiedenen Farben und Mustern, sowie vielerlei fantastische und seltene Kuriositäten, so zahlreich, dass man sie gar nicht alle einzeln betrachten konnte. Liu Bang ließ seinen Blick schweifen und staunte. Er dachte, dies sei ein Palast gleich dem Himmelspalast. Kurz darauf kam eine Gruppe bezaubernder Damen herbei und hieß ihn willkommen. Sie alle trugen Schminke und eine Figur war hinreißender als die andere. Er wies die Frauen an, auf die üblichen Höflichkeiten zu verzichten, und begab sich mit ihnen geradewegs in die hoheitlichen Gemächer. Dort gedachte er zu verweilen und den Moment zu genießen.

4 Fan Kuai war Liu Bangs Schwager und einer seiner hohen Generäle. Er fürchtete, dass Liu Bang sich dem Genuss hingeben und damit ihr großes Ziel vergessen würde. Er eilte hinein und sagte: „Herzog von Pei, möchten Sie Herrscher über alle Lande werden, oder wollt Ihr Euch lieber nur mit dem Leben eines alten

reichen Mannes zufriedengeben." Liu Bang wollte in diesem Moment nichts Anderes, als sich dem Genuss hinzugeben. Auf die Worte von Fan Kuai blieb er still und antwortete nicht. Fan Kuai war empört, trat einen Schritt näher und redete ihm ins Gewissen: „Versteht Ihr denn nicht, dass die Qin-Dynastie genau wegen dieses ganzen Prunkes unterging? Herzog von Pei, wie könnt Ihr hier verweilen und diese Dinge auskosten wollen! Bitte kehrt umgehend nach Bashang zurück."

5 Liu Bang blieb noch immer regungslos sitzen. Träge antwortete er: „Ich bin erschöpft. Heute Nacht werde ich hierbleiben." Als Fan Kuai das hörte, war er sehr verärgert. Doch fürchtete er, Liu Bang mit einer weiteren Bemerkung zu erzürnen. Also ging er wieder und suchte den weisen Zhang Liang auf. Ihm traute er zu, Liu Bang umzustimmen.

6 Zhang Liang kam sofort herbeigeeilt, um Liu Bang zu sehen und sagte: „Die Herrscher der Qin waren untugendhaft und brutal, sodass das Volk rebellierte. Eure Hoheit konnte erst dadurch hierher gelangen. Ihr seid jetzt dabei, die tyrannischen Herrscher der Qin zu stürzen und die einfache Bevölkerung zu retten. Ihr solltet der Bevölkerung gegenüber großzügig und gütig sein, Euch streng sparsam verhalten, dazu Steuern und Zwangsarbeit reduzieren. Ihr solltet mit dem Volk gemeinsam wachsen und das Land neu aufbauen." Zhang Liang ging noch einen Schritt weiter und sagte: „Eben seid Ihr in diesen prächtigen Palast gekommen und möchtet nun hierbleiben, um ein genussvolles Leben zu führen. Ich befürchte jedoch, dass Euch dadurch bald dasselbe Schicksal wie das der Qin ereilen wird. Warum das alles bloß für eine kurze Weile von Freude und Genuss? Was ist es für ein Erfolg, sich selbst zu besiegen und den bevorstehenden Triumph zu verspielen? Ihr kennt die alte Redensweise: ‚Ehrliche Worte schmerzen den Ohren, doch sind dienlich für das Verhalten. Gute Medizin schmeckt bitter, doch ist dienlich bei Krankheit.' Ich hoffe, Ihr werdet Eure Absichten noch einmal überdenken."

7 Als Liu Bang diese Worte vernahm, kam er abrupt zur Einsicht. Sofort befahl er, die Schatzkammer zu verriegeln und die Tore des Palasts zu schließen. Er führte seine Truppen zurück nach Bashang und ließ unter seinen Truppen die Botschaft verbreiten, dass das gewöhnliche Volk nicht belästigt werden durfte. Zuwiderhandlung wurde mit Enthauptung vergolten. Weil Liu Bang auch

unangenehmen Rat anderer folgen konnte, nahm er viele gute Vorschläge seiner Untergebenen entgegen. Somit bezwang er während des Streits zwischen den Reichen Chu und Han schließlich Xiang Yu, und ging in die Geschichtsbücher als Gründervater der Han-Dynastie ein.

Aufgaben

a) **Lesen Sie den Text und markieren Sie in jedem Absatz 2-3 Schlüsselwörter.**

b) **Arbeiten Sie zu zweit. Vergleichen Sie Ihre Schlüsselwörter aus a).**

In Absatz 1 habe ich „Liu Bang", „Xianyang" und „kapitulierte" markiert. Und du?

Ich habe nur „Liu Bang" und „Xianyang" markiert. „Kapitulierte" fand ich nicht so wichtig, weil es reicht zu wissen, dass Liu Bang in Xianyang ist.

c) **Finden Sie die inhaltlichen Fehler in den folgenden Aussagen. Eine Aussage kann mehrere Fehler enthalten.**

0) Liu Bang stürzte die Qin-Dynastie unter ~~Qin Shihuang~~ Ziying.
1) Liu Bang war fasziniert von der Schönheit des Palastes und fand, er gliche dem Mondpalast.
2) Fan Kuai, ein hoher Beamter Liu Bangs, machte sich Sorgen um dessen Gesundheit.
3) Liu Bang wollte nicht auf Zhang Liang hören.
4) Zhang Liang verglich die hoheitlichen Pflichten mit dem Schlucken bitterer Medizin.
5) Liu Bang setzte seine persönlichen Interessen über die Interessen des Volkes.

d) Arbeiten Sie zu zweit. Vergleichen Sie Ihre Ergebnisse aus c). Diskutieren Sie anschließend:

1) Was sagt diese Geschichte über Ehrlichkeit aus?
2) Was macht laut diesem Text einen guten Herrscher aus?
3) Welche Rolle spielt Ehrlichkeit in dieser Geschichte im Vergleich zu Text 1? Gibt es Unterschiede/Gemeinsamkeiten?
4) Finden Sie, dass Liu Bang ein guter Herrscher ist? Warum (nicht)?

e) Arbeiten Sie in Gruppen von 4-5 Personen. Bereiten Sie sich gemeinsam darauf vor, den anderen Gruppen den Inhalt Ihres Textes vorzustellen. Erwähnen Sie dazu zumindest folgende Aspekte:

- die W-Fragen (Siehe S. 82)
- Was hat die Überschrift mit dem Inhalt der Geschichte zu tun?

f) Entwickeln Sie in Ihren Gruppen ein Rollenspiel zum Thema des Textes. Dabei soll es um eine vergleichbare Situation aus der heutigen Zeit gehen. Die Rollen, den Schauplatz und die konkrete Situation bestimmen Sie.

Beispiel für eine Situation: *Die Abteilungsleiterin Aygün in der Firma „Bauer und Co. GmbH" verbringt einen großen Teil ihrer Arbeitszeit mit Computerspielen. Die Mitarbeiterinnen und Mitarbeiter sind unzufrieden und frustriert, aber niemand traut sich, Kritik zu äußern. Mitarbeiter Jürgensen nimmt seinen Mut zusammen und sucht das Gespräch. Während des Gesprächs im Büro von Frau Aygün ist auch ein anderer Mitarbeiter, Herr Kowaltschik, anwesend.*

Das obengenannte Beispiel veranschaulicht, wie aus dem Inhalt des Textes über Liu Bang eine andere Situation für einen Dialog aus der Gegenwart abgeleitet werden kann. Lassen Sie Ihrer Kreativität freien Lauf!

g) Präsentieren Sie nun Ihre Zusammenfassung und Ihren Dialog hintereinander im Kurs.

3  Die Kostbarkeit von Ehrlichkeit

1 Zur Zeit der Streitenden Reiche lebte im Staat Qi ein sehr gutaussehender Mann namens Zou Ji. Eines Tages betrachtete er sich sorgfältig im Spiegel. Er wollte herausfinden, ob er sich mit dem äußerst gutaussehenden und berühmten Xu Gong vergleichen konnte. Also fragte er seine Frau: „Wenn Du mich und Xu Gong betrachtest, wer ist der Schönere von uns beiden?" Seine Frau antwortete, ohne zu zögern: „Ihr seid von äußerster Schönheit! Wie könnte sich Xu Gong mit Euch vergleichen?" Zou Ji konnte ihren Worten jedoch nicht vollkommen glauben, und fragte seine Konkubine. Schüchtern antwortete auch sie: „Wie könnte Xu Gong jemals so schön sein wie Ihr?" Am nächsten Tag besuchte Zou Ji einen Freund. Nachdem die beiden sich für eine Weile über dies und das unterhalten hatten, fragte er: „Wenn Du mich und Xu Gong vergleichen würdest, wer von uns ist schöner?" Sein Freund wollte ihn später noch um einen Gefallen bitten, und antwortete daher schmeichelnd: „Xu Gong ist bei Weitem nicht so schön wie Du."

2 Auch nach den Bestätigungen seiner Frau, seiner Konkubine und seines Freundes war Zou Ji noch immer nicht vollends von sich überzeugt. Wie es der Zufall wollte, kam einen Tag später Xu Gong zu Besuch. Zou Ji betrachtete ihn von Kopf bis Fuß und kam zu dem Schluss, dass er selbst bei Weitem nicht so gutaussehend war wie sein Gegenüber. Nachdem Xu Gong gegangen war, schaute Zou Ji erneut in den Spiegel. Je länger er sich darin musterte, desto offensichtlicher wurde ihm seine Erkenntnis. Mit dem fabelhaften Aussehen Xu Gongs konnte er sich in der Tat nicht messen. In der folgenden Nacht fand er keinen Schlaf. Er wälzte sich im Bett hin und her und fragte sich, wieso ihm alle anderen versicherten, dass Xu Gong weniger gutaussehend als er sei. Dann begann er plötzlich, die Gründe dafür zu begreifen: „Meine Frau sagte, ich sei schöner, weil sie auf meiner Seite steht. Meine Konkubine sagte, ich sei schöner, weil sie mich verehrt. Mein Freund sagte mir, ich sei schöner, um einen Gefallen von mir erbitten zu können."

3 Bei diesen Überlegungen dachte Zou Ji daran, dass sich auch der König eines Staates von solch lobenden Worten nicht täuschen lassen sollte. Daher bat er

am nächsten Tag um eine Audienz beim König. Dort nutzte er seine Geschichte, um den König dazu zu veranlassen, sich viel Kritik und Einwände anzuhören. König Wei von Qi empfand die Rede von Zou Ji als sehr überzeugend. Er gab daraufhin den Befehl: „Egal ob Beamter oder aus einfacher Bevölkerung, von heute an soll jeder, der mir von Angesicht zu Angesicht meine Fehler aufzeigen kann, eine hohe Belohnung erhalten. Jeder, der Kritik in schriftlicher Form an meinen Fehlern übt, soll eine mittelgroße Belohnung erhalten. Und jeder, von dem ich höre, dass er in einem Gespräch meine Fehler diskutiert hat, wird eine kleine Belohnung erhalten."

4 Nachdem des Königs Befehl gesprochen war, begannen alle Minister nacheinander ihre Kritikpunkte vorzubringen. Es kamen so viele Leute herbei, dass der königliche Palast voller Menschen war. In dem Haupteingang und vor der Palasthalle gab es ein Gewusel wie auf einem Marktplatz. Damit einhergehend verbesserte sich die Politik des Königs immer mehr. Nach einigen Monaten gab es zwar immer noch Menschen, die Kritik äußerten, doch ihre Zahl sank stetig. Nach einem Jahr war es, selbst wenn man es darauf anlegte, kaum mehr möglich, etwas Kritikwürdiges zu finden. Weil König Wei von Qi unaufhörlich an seinen Fehlern arbeitete und sich für das Wohlergehen seiner Bevölkerung einsetzte, wurde Qi schließlich zu einem wohlhabenden und mächtigen Staat. Die Reiche Yan, Zhao, Han, Wei und weitere hatten großen Respekt, und sie alle entsandten Sonderbotschafter zu dem König von Qi. Die Geschichtsschreiber nannten es einen Sieg, der ohne den Einsatz von Truppen erreicht wurde.

Aufgaben

a) Lesen Sie den Text und markieren Sie in jedem Absatz 2-3 Schlüsselwörter.

b) Arbeiten Sie zu zweit. Vergleichen Sie Ihre Schlüsselwörter aus a).

In Absatz 1 habe ich „Zeit der Streitenden Reiche", „gutaussehender Mann" und „der Schönere" markiert. Und du?

Ich habe „Zeit der Streitenden Reiche", „gutaussehender Mann" und „Zou Ji" markiert. Aber ich finde, „der Schönere" ist auch eine gute Idee!

c) Finden Sie die inhaltlichen Fehler in den folgenden Aussagen. Eine Aussage kann mehrere Fehler enthalten.

0) Zou Ji fragte seine Frau, seine Konkubine und seinen ~~Bruder~~ Freund.
1) Die Konkubine möchte Zou Ji später noch um einen Gefallen bitten. Daher schmeichelt sie ihm.
2) Zou Ji kann nicht schlafen, weil er über die Gründe für Xu Gongs Schönheit nachdachte.
3) Der König ließ sich von Zou Ji überreden, auf seine Untertanen zu hören.
4) Der König vergab die Belohnungen nur für direkte Kritik.
5) Sonderbotschafter aus anderen Staaten übten auch Kritik an König Wei von Qi.

d) Arbeiten Sie zu zweit. Vergleichen Sie Ihre Ergebnisse aus c). Diskutieren Sie anschließend:

1) Was sagt diese Geschichte über Ehrlichkeit aus?
2) Was macht laut diesem Text einen guten Herrscher aus?
3) Welche Rolle spielt Ehrlichkeit in dieser Geschichte im Vergleich zu Text 1? Gibt es Unterschiede/Gemeinsamkeiten?
4) Finden Sie, dass König Wei von Qi ein guter Herrscher ist? Warum (nicht)?

e) Arbeiten Sie in Gruppen von 4-5 Personen. Bereiten Sie sich gemeinsam darauf vor, den anderen Gruppen den Inhalt Ihres Textes vorzustellen. Erwähnen Sie dazu zumindest folgende Aspekte:

- die W-Fragen (Siehe S. 82)
- Was hat die Überschrift mit dem Inhalt der Geschichte zu tun?

f) Entwickeln Sie in Ihren Gruppen ein Rollenspiel zum Thema des Textes. Dabei soll es um eine vergleichbare Situation aus der heutigen Zeit gehen. Die Rollen, den Schauplatz und die konkrete Situation bestimmen Sie.

Beispiel für eine Situation: *Justus möchte an einem Gesangswettbewerb teilnehmen. Er hat viel und intensiv geübt, weiß aber nicht, ob er schon ausreichend Talent besitzt. Daher fragt er seine Familie und Freunde nach deren Meinung zu seiner Singstimme. Besonders seine Familie ist begeistert. Doch Justus kann am Abend vor dem Casting nicht schlafen. Obwohl alle ihm positive Rückmeldungen gaben, zweifelt er an seinem Talent. Am nächsten Morgen redet er mit seiner Familie und fragt sie nach ihrer ehrlichen Meinung. Es kommt zu einem Streit.*

Das obengenannte Beispiel veranschaulicht, wie aus dem Inhalt des Textes über eine andere Situation für einen Dialog aus der Gegenwart abgeleitet werden kann. Lassen Sie Ihrer Kreativität freien Lauf!

g) Präsentieren Sie nun Ihre Zusammenfassung und Ihren Dialog hintereinander im Kurs.

4 Wer Böses tut, dem wird Böses widerfahren

1 Zur Zeit der Frühlings- und Herbstannalen war Wu Gong Herrscher im Staat Zheng. Mit seiner Frau, Frau Jiang, zeugte er zwei Söhne, Wusheng und Shuduan. Während der Geburt Wushengs, dem älteren Sohn, kam es zu schweren Komplikationen und Frau Jiang erlitt ein Trauma. Von Tag eins an hatte sie daher nur Hass für ihren Sohn übrig. Den Zweitgeborenen, Shuduan, liebte sie dafür umso mehr. Häufig hatte Frau Jiang versucht, ihren Gatten davon zu überzeugen, Shuduan zum Thronfolger zu ernennen. Doch das aristokratische System sah es vor, dass der erstgeborene Sohn der natürliche Thronfolger war. Daher hatte Herrscher Wu Gong nie eingewilligt.

2 Nach dem Tod Wu Gongs bestieg Wusheng den Thron und nannte sich fortan Herrscher Zhuang Gong. Da Frau Jiang ihr Ziel nicht erreicht hatte, musste sie einen Alternativplan schmieden. Sie forderte, dass Zhuang Gong dessen Bruder die Stadt Zhiyi verwalten ließ. Doch Zhuang Gong war nicht einverstanden, denn Zhiyi stellte einen schwer zu erreichenden Außenposten des Staates dar. Es erschien ihm zu gefährlich. Daher änderte Frau Jiang ihre Forderung und verlangte, dass Shuduan Jingcheng verwalten dürfe, welches in Hauptstadtnähe lag. Herrscher Zhuang Gong willigte ein.

3 Doch einer der hohen Beamten, Zhai Zhong, meldete sich zu Wort: „Die Regeln und Bräuche unserer Vorväter sehen es vor, dass Söhne und Brüder eines Herrschers kein Gebiet verwalten dürfen, dass jeweils größer als ein Drittel des Hauptstadtgebiets ist. Jingcheng überschreitet diese Grenze und ich denke, dass dies Euch Probleme bereiten wird." Zhuang Gong entgegnete: „Aber wenn meine Mutter es doch so will, kann ich doch nicht Nein sagen." Doch Zhai Zhong warnte ihn: „Frau Jiang steht schon immer auf der Seite von Shuduan und wird keine Ruhe geben, ehe sie ihr Ziel erreicht hat und Shuduan der Herrscher unseres Staates geworden ist. Ihr solltet anfangen, Euch abzusichern und zu verhindern, dass sein Einfluss weiterwächst. Denn je dichter das Gras wächst, desto schwieriger wird es, es zu kürzen. Besonders, wenn das Gras Euer geliebter kleiner Bruder ist!" Zhuang Gong jedoch war nun ganz ruhig. Lächelnd erklärte er: „Wer Böses tut, dem wird Böses widerfahren. Ihr werdet

schon sehen."

4 Nachdem Shuduan sich in Jingcheng niedergelassen hatte, begann er, die Verwalter der Städte im Norden und im Westen zu unterwerfen und eignete sich die Gebiete an. Sein Machtstreben wurde immer größer und sein Appetit schier unersättlich. Schließlich hatte Shuduan sein Einflussgebiet bis an die Staatsgrenzen ausgeweitet. Als einer der Beamten davon erfuhr, sprach er eilig bei Zhuang Gong vor: „Nun ist es höchste Zeit, militärisch gegen Shuduan vorzugehen, ansonsten wird das Volk sich immer mehr ihm zuwenden. Im schlimmsten Fall steht Euch die Entmachtung bevor!" Doch Zhuang Gong war immer noch beruhigt. Er entgegnete: „Einem unaufrichtigen Mann wird es nicht gelingen, die Herzen der Menschen zu erobern. Je mehr Shuduan sich ausbreitet, desto eher wird er untergehen."

5 Im fünften Monat nach dem Mondkalender fand Shuduan, dass die Gelegenheit für einen Putsch gekommen war. Er ließ sämtliche ihm zur Verfügung stehenden Soldaten, Fahrzeuge sowie Waffen zusammensammeln und hieß Frau Jiang, dass sie bei der Ankunft des Heeres die Stadttore öffnen solle.

6 Doch Zhuang Gong war gerissen, denn er hatte Shuduan die ganze Zeit überwachen lassen. Als er das Datum des geplanten Angriffes auf die Hauptstadt erfuhr, befahl er seinem Beamten Zifeng, einen Tag zuvor mit einem Heer von fünfzehntausend Mann und zweihundert Fahrzeugen in Jingcheng einzufallen.

7 Da war das Heer von Shuduan machtlos. In Windeseile verstreuten sich die Soldaten in alle Himmelsrichtungen. Mit den verbliebenen Soldaten floh Shuduan nach Gongdi, doch Zifeng eilte ihm gnadenlos hinterher. Schlussendlich blieben Shuduan keine Handlungsmöglichkeiten mehr und er beging Selbstmord.

Aufgaben

a) Lesen Sie den Text und markieren Sie in jedem Absatz 2-3 Schlüsselwörter.

b) Arbeiten Sie zu zweit. Vergleichen Sie Ihre Schlüsselwörter aus a).

In Absatz 1 habe ich „Wusheng", „Shuduan" und „Thronfolger" markiert. Und du?

Ich fand die Namen nicht wichtig. Daher habe ich „Hass", „liebte" und „Thronfolger" markiert.

c) Finden Sie die inhaltlichen Fehler in den folgenden Aussagen. Eine Aussage kann mehrere Fehler enthalten.

0) Frau Jiang liebte ihren ~~Erstgeborenen~~ Zweitgeborenen, Shuduan.
1) Nachdem Shuduan Jingcheng nicht verwalten durfte, änderte Frau Jiang ihre Forderung noch einmal.
2) Zhuang Gong verbot seinem Bruder, Jingcheng zu verwalten.
3) Zhuang Gong wusste, dass sein Bruder Böses plante und er bekam Angst.
4) Shuduan und Zifeng stecken unter einer Decke.
5) Die Soldaten waren Shuduan bis zu dessen Selbstmord treu.

d) Arbeiten Sie zu zweit. Vergleichen Sie Ihre Ergebnisse aus c). Diskutieren Sie anschließend:

1) Was sagt diese Geschichte über Ehrlichkeit aus?
2) Was macht laut diesem Text einen guten Herrscher aus?
3) Welche Rolle spielt Ehrlichkeit in dieser Geschichte im Vergleich zu Text 1? Gibt es Unterschiede/Gemeinsamkeiten?
4) Warum konnte Shuduan am Ende nicht gewinnen?

e) Arbeiten Sie in Gruppen von 4-5 Personen. Bereiten Sie sich gemeinsam darauf vor, den anderen Gruppen den Inhalt Ihres Textes vorzustellen. Erwähnen Sie dazu zumindest folgende Aspekte:

- die W-Fragen (Siehe S. 82)
- Was hat die Überschrift mit dem Inhalt der Geschichte zu tun?

f) Entwickeln Sie in Ihren Gruppen ein Rollenspiel zum Thema des Textes. Dabei soll es um eine vergleichbare Situation aus der heutigen Zeit gehen. Die Rollen, den Schauplatz und die konkrete Situation bestimmen Sie.

Beispiel für eine Situation: *Trung wird in der Schule von Sabrina und ihren Freundinnen geärgert. Sie gießen Wasser in seinen Turnbeutel und klemmen Tintenpatronen unter seinen Stuhl. Trung ist frustriert, aber er möchte nicht zur Lehrerin gehen, denn Sabrina hat ihm gedroht, ihn dann noch mehr zu ärgern. Trung redet mit seinem besten Freund Karim über das Problem. Karim rät ihm, es einfach zu ertragen. Er denkt, dass Sabrina ihre gerechte Strafe noch bekommen wird.*

Das obengenannte Beispiel veranschaulicht, wie aus dem Inhalt des Textes über eine andere Situation für einen Dialog aus der Gegenwart abgeleitet werden kann. Lassen Sie Ihrer Kreativität freien Lauf!

g) Präsentieren Sie nun Ihre Zusammenfassung und Ihren Dialog hintereinander im Kurs.

5  Hai Rui liebt das Volk wie seine eigenen Kinder

1 Hai Rui war ein Beamter im alten China der Ming-Dynastie. In der Politik legte er Wert auf Aufrichtigkeit und Standfestigkeit, im Umgang mit seinem Volke auf Güte und Milde. Für die Menschen war er der „Vater des Volkes", denn die Menschen liebte er, als seien sie seine eigenen Kinder, deren Gefühle und Leiden er nachzuvollziehen vermochte.

2 Eines Jahres kam es, dass Hai Rui in die Region Wu versetzt wurde. Auf dem Weg dorthin wurde er Zeuge der tragischen Umstände, die dort vorherrschten, denn nicht selten sah er verhungerte oder erfrorene Menschen. Er sah sogar Eltern, die ihre Kinder mit Preisschildern beklebt hatten und sie am Wegesrand zum Verkauf anboten, nur um an eine Kleinigkeit zu Essen zu kommen. Auch den Bauern, die sich auf den Feldern verausgabten, standen der Hunger und der Frust ins Gesicht geschrieben. Schließlich entschied sich Hai Rui, sich näher mit den Leiden des Volkes zu beschäftigen. Er zog seine Beamtenrobe aus und warf sich ein einfaches Gewand über.

3 Verkleidet als einfacher Reisender begab er sich zu einem Bauern auf den Acker. Mit gutmütiger Stimme fragte er ihn: „Onkel, ich befinde mich auf der Durchreise und bin etwas durstig, hättet Ihr einen Schluck Wasser für mich übrig?"

4 Der alte Bauer hob sein müdes Gesicht und deutete auf einen Wassereimer. „Bedient Euch ruhig", antwortete er.

5 Mithilfe der getrockneten Schale eines Flaschenkürbisses schöpfte Hai Rui etwas Wasser und trank einen Schluck. Anschließend wandte er sich erneut an den Bauern und setzte das Fragen fort: „Onkel, wie war die Ernte in den letzten Jahren?"

6 Doch anstatt zu antworten, seufzte der alte Bauer nur und widmete sich gebeugten Körpers wieder seiner Arbeit. Plötzlich fiel Hai Rui auf, dass der Pflug, den der Ochse hinter sich herzog, schief war. Er zog die Schultern nach hinten und ging hinüber, um den schiefen Pflug zu begradigen. Zwar war Hai Rui durch und durch ein Gelehrter, doch da er sich des Öfteren unter das einfache Volk mischte, hatte er sich bereits einige Grundkenntnisse in Sachen

Landwirtschaft aneignen können. Also half er dem alten Bauern eine Weile beim Pflügen. Nach getaner Arbeit wischte Hai Rui sich mit einem Stofftuch den Schweiß vom Körper und wandte sich an den Bauern: „Onkel, Euer Getreide wächst aber wirklich gut!"

7 Der alte Bauer musste angesäuert lachen und wurde ungehalten. Nun hatte er doch etwas zu sagen: „Ja, es wächst bestimmt gut, aber am Ende des Jahres bleibt uns von der Ernte ja selbst kaum etwas übrig! Als wir uns als Dorfbewohnergemeinschaft zuletzt an den Kreisvorsteher wandten, hatte dieser kein bisschen Verständnis für unsere Sorgen übrig. Unsere Forderungen wurden ganz und gar ignoriert. Aber Ihr seid ja auch keiner von denen da oben, was interessiert Ihr Euch für unser Leid?"

8 Nun mischte sich der Begleiter Hai Ruis ein, der die ganze Zeit mit ihm gereist war: „Aber Onkel, jener, der hier vor Euch steht ist niemand Geringeres als der kürzlich in den Dienst des Kreisvorstehers berufene Hai Rui!"

9 Da war der alte Bauer sprachlos. Einen Moment betrachtete er stumm diesen lächelnd vor ihm stehenden „Reisenden", dann fiel er flugs auf die Knie und rief: „Ich muss ein Blinder sein, dass ich das Offensichtliche nicht erkannte!"

10 Rasch half Hai Rui dem alten Bauern auf die Beine und beschwichtigte ihn: „Onkel, es war alles meine volle Absicht, denn ich wollte unbedingt Eure aufrichtigen Worte hören. Auch ich, Hai Rui, komme aus einfachen Verhältnissen, wir sind also vom selben Schlag. Wenn Euch Unrecht widerfährt, dann werde ich derjenige sein, der für seine eigenen Leute einsteht! Na los, erzählt es mir! Redet Euch Euren ganzen Kummer von der Seele, denn heute werde ich mir alles merken!"

11 Der alte Bauer spürte, dass Hai Rui es ernst meinte und unverzüglich machte sich Vertrauen in ihm breit. Die gnadenlose Unterdrückung sowie die unnötigen Steuern, unter denen das einfache Volk unter der Schreckensherrschaft des Xu Jie und seinem Gefolge litt – all diese Dinge erzählte der Bauer Hai Rui. Jener Xu Jie diente einst als hoher Beamter am Kaiserhof, doch da er häufig für Ärger gesorgt hatte, wurde er entlassen. Seitdem trieb er in der Region Wu sein Unwesen und unterdrückte das Volk. Hai Rui unterhielt sich noch mit zahlreichen anderen Bauern, um mehr Beweise für Xu Jies Untaten in der Hand zu haben. Schließlich gelang es ihm, das Problem rund um Xu Jie und sein

Gefolge zu lösen, sodass endlich wieder Gerechtigkeit in Wu herrschte!

12 Das Volk ehrte und liebte Hai Rui sehr für seine ehrlichen, standfesten politischen Ansichten sowie seine gutherzige, milde Art. Man sagt, dass die Menschen, als sich die Nachricht seines Todes im Lande verbreitete, in tiefe Trauer verfielen, so als wäre der Tote ein enger Verwandter. Als Hai Ruis Sarg per Schiff über den Yangtse zurück in dessen Heimat transportiert wurde, scharten sich zu beiden Seiten des Flusses unzählige Trauernde. Manch einer modellierte sogar eine Statue Hai Ruis und stellte sie sich in Gedenken seiner ins Haus.

Aufgaben

a) Lesen Sie den Text und kreuzen Sie an: richtig(r), falsch(f), oder nicht genannt(x).

	r	f	x
0) Hai Rui war auf dem Weg zum Antritt seines Kreisvorsteheramtes in Wu.	☒	☐	☐
1) Hai Rui verkleidete sich als einfacher Mann.	☐	☐	☐
2) Der Bauer gönnt Hai Rui keinen Schluck Wasser.	☐	☐	☐
3) Die Ernte der letzten Jahre war schlecht.	☐	☐	☐
4) Hai Rui hatte kein Verständnis für die Sorgen der Bauern übrig.	☐	☐	☐
5) Hai Ruis Begleiter enthüllt dessen Identität.	☐	☐	☐
6) Der Bauer schämt sich sehr.	☐	☐	☐
7) Der Bauer nutzte die Chance, um mit Hai Rui über Landwirtschaft zu reden.	☐	☐	☐
8) Die Menschen stellten selbstmodellierte Statuen in Hai Ruis Haus.	☐	☐	☐

b) Was bedeuten die unterstrichenen Ausdrücke aus dem Text? Kreuzen Sie an.

1) „Auch den Bauern, die sich auf den Feldern verausgabten, <u>standen der Hunger und der Frust ins Gesicht geschrieben.</u>"

A sah man ihren Hunger und ihren Frust im Gesicht an

B war es wichtig, von ihrem Hunger und Frust von Angesicht zu Angesicht zu berichten

C war der Hunger nachzuweisen, denn sie hatten diesbezüglich u.a. Plakate geschrieben

2) „..., hatte er sich bereits einige Grundkenntnisse in Sachen Landwirtschaft aneignen können."
   A bezüglich landwirtschaftlicher Geräte
   B bezüglich Landwirtschaft
   C bezüglich der Funktionsweise von Landwirtschaft
3) „Aber Ihr seid ja auch keiner von denen da oben, was interessiert Ihr Euch für unser Leid?"
   A der Götter und Unsterblichen
   B der Menschen aus der Regierung
   C der Menschen dort hinten auf dem Hügel
4) „Auch ich, Hai Rui, komme aus einfachen Verhältnissen, wir sind also vom selben Schlag."
   A wir sitzen also im selben Boot
   B wir haben also ähnliches Leid erlitten
   C wir stammen also aus der gleichen gesellschaftlichen Gruppe
5) „Redet Euch Euren ganzen Kummer von der Seele, denn heute werde ich mir alles merken!"
   A drückt Eure gesamten belastenden Gedanken und Gefühle aus
   B Erzählt mir, wer Ihr wirklich seid und was Euch bedrückt
   C Erzählt mir, worum ich mich, Eurem Wunsch nach, nun kümmern soll

c) Schreiben Sie einen Text zum Thema „Herrschen". Berichten Sie über Ihre persönlichen Erfahrungen mit dem Thema „Herrschen". Es geht dabei um jede Form der Machtausübung, nicht nur um politisches Herrschen im klassischen Sinne. Nehmen Sie dabei Bezug auf einen der Texte. Die folgenden Fragen können Ihnen helfen. (etwa 240 Wörter)

- In welcher Situation haben Sie schon einmal Verantwortung für andere übernommen oder sogar Entscheidungen für andere getroffen?
- Möchten Sie einmal „herrschen"? Wenn ja, in welcher Form? Warum (nicht)?
- Welche Qualitäten sollte eine gute Herrscherin oder ein guter Herrscher haben? Nennen Sie Beispiele.
- Kennen Sie Gruppen ohne „Herrscherin" oder „Herrscher"? Kann das funktionieren?
- ...

Die W-Fragen

Die Fragen „**Wo?**", „**Wann?**" und „**Wer?**" fragen direkt nach den Eckdaten des Textes.

„**Was?**" fragt nach dem Passierten. Hier sollte der Text in 1-2 Sätzen zusammengefasst werden.

„**Warum?**" fragt nach den Hintergründen und bezieht sich auf das „Was?", sprich, darauf, warum etwas passierte.

„**Wie?**" bezieht sich ebenfalls auf das „Was?" und fragt nach der Methode.

Beachten Sie:

→ „**Warum**?" und „**Wie**?" lassen sich nicht immer gut beantworten. Die Antworten können je nach Text sehr unterschiedlich ausfallen.

→ Notieren Sie Stichpunkte. Ganze Sätze sind nicht nötig.

Beispiele:

„Chang'e fliegt zum Mond"

Was? Chang'e, eine ehemalige Göttin, fliegt auf den Mond. Ihr Mann bleibt auf der Erde und sie vermissen sich sehr.

Warum? Chang'e ist eine ehemalige Göttin. Sie ist mit ihrem Leben auf der Erde unzufrieden.

Wie? Chang'e trinkt heimlich ein Unsterblichkeitselixir. Sie wird schwerelos und fliegt ungewollt auf den Mond.

Vokabelliste

Text 1

herausstechen	sich von anderen durch eine besondere Eigenschaft abheben/unterscheiden
etw. in Erwägung ziehen	etw. als Möglichkeit / möglichen Plan betrachten
unverblümt	direkt und offen; schonungslos
ungeachtet dessen	trotzdem; dennoch
hitzig	leidenschaftlich; temperamentvoll
die Auseinandersetzung, -en	ein Streit oder eine Diskussion über ein bestimmtes Thema
kundtun	bekanntmachen; mitteilen
sich besinnen	mit Vernunft nachdenken
das Gemach, ¨er	ein großes, prächtiges Zimmer in einem Schloss/Palast
dem Ärger Luft machen	die innere Wut zum Ausdruck bringen
ungehobelt	grob; unhöflich
der Schweinepriester, -	Schimpfwort für einen bösen/gemeinen Menschen
sich etw. gefallen lassen	Unangenehmes/Schlechtes akzeptieren und tolerieren
etw. zu schätzen wissen	den Wert von etw. erkennen und dankbar dafür sein; etw. wertschätzen
florieren	gedeihen; wachsen; erfolgreich sein

Text 2

drängen nach	sich mit Nachdruck und Eile zu einem Ziel bewegen
die Wange, -n	Teil des Gesichts links bzw. rechts von Nase und Mund; Backe
kapitulieren	aufgeben; sich ergeben
flanieren	langsam und ohne Ziel spazieren gehen
bestaunen	mit Bewunderung ansehen/betrachten
sich sattsehen	etw. so lange ansehen, bis man genug davon hat
exquisit	von hoher Qualität oder Schönheit
die Kuriosität, -en	etw. Seltenes, Merkwürdiges oder Interessantes
den Blick schweifen lassen	umherschauen; die Umgebung betrachten
hinreißend	sehr schön; bezaubernd, zauberhaft
hoheitlich	von der herrschenden Instanz ausgehend
verweilen	sich an einem Ort aufhalten; bleiben
empört	von etw. Unrechtem oder Unangemessenem sehr erregt oder wütend sein
das Gewissen, -	die Fähigkeit, das eigene Verhalten moralisch zu beurteilen; ein inneres Gefühl für Recht und Unrecht
der Prunk (nur Sg.)	auf Wirkung bedachte, als übermäßig empfundene Pracht
regungslos	ohne Bewegung; still
erzürnen	sehr wütend machen
umstimmen	jmdn. dazu bringen, die Meinung zu ändern

rebellieren	sich kraftvoll gegen einen Zustand oder eine Person wehren
der Triumph, -e	ein großer Sieg/Erfolg
verspielen	etw. Wertvolles oder Wichtiges durch unüberlegtes oder ungeschicktes Handeln verlieren
überdenken	noch einmal gründlich über etw. nachdenken
zur Einsicht kommen	die eigenen Fehler und Irrtümer erkennen
belästigen	aufdringlich stören
die Zuwiderhandlung, -en	ein Verstoß gegen eine Regel oder Vorschrift
die Enthauptung, -en	Hinrichtung durch Abtrennen des Kopfes vom Körper
vergelten	eine gute oder böse Tat mit etw. Gleichem erwidern
bezwingen	durch Kampf oder andere Anstrengung besiegen

Text 3

dies und das	Verschiedenes
der Gefallen (meist Sg.)	eine freundliche Handlung, die jmd. anderem etw. erleichtert
schmeicheln	durch Lob und Anerkennung Zuneigung ausdrücken
vollends	ganz und gar; völlig
der Zufall, ¨-e	ein (günstiges) unvorhergesehenes/unbeabsichtigtes Ereignis

zu dem Schluss kommen, dass ...	schlussfolgern, dass ...; feststellen, dass ...
bei Weitem nicht	noch lange nicht
fabelhaft	ausgezeichnet; wunderbar
jmdn. zu etw. veranlassen	bewirken, dass jmd. etw. tut
aufzeigen	deutlich machen; erklären
das Gewusel (nur Sg.)	schnelles, geschäftiges Hin-und-her-Eilen
damit einhergehend	damit in Zusammenhang stehend
es auf etw. anlegen	etw. provozieren/herausfordern; etw. absichtlich und gezielt tun

Text 4

zeugen	als Elternteil die Entstehung eines Kindes bewirken
der Gatte, -n	der Ehemann
der Thronfolger, -	der älteste Sohn eines Herrschers, der nach dem Tod des Herrschers den Thron erben wird
aristokratisch	den Adel betreffend
der Alternativplan, ¨e	der Plan B; der Ersatzplan
verwalten	die Leitung über etw. haben
einwilligen	zustimmen; sich einverstanden erklären
Probleme bereiten	Probleme verursachen
sich absichern	sich vor möglichen Risiken schützen; vorsorgen
verhindern	etw., was geschehen soll oder könnte, im Voraus unmöglich machen

sich niederlassen	an einen Ort ziehen, um dort zu wohnen oder zu arbeiten
unterwerfen	jmdn. durch Kampf oder Gewalt bezwingen und unter die eigene Macht stellen
das Machtstreben (nur Sg.)	das eifrige Suchen und Verlangen nach Macht
die Entmachtung, -en	der Verlust der Macht
bevorstehen	bald eintreten oder geschehen
erobern	ein fremdes Gebiet durch militärische Aktionen für sich gewinnen
der Putsch, -e	ein gewaltsamer Versuch, die Regierung zu entmachten und anschließend selbst zu regieren
gerissen	sehr schlau und listig

Text 5

die Standfestigkeit (nur Sg.)	die Eigenschaft, sich nicht leicht beeinflussen zu lassen
die Beamtenrobe, -n	die Kleidung, die Beamte im Dienst trugen
sich verkleiden	sich so anziehen, dass man anders aussieht als sonst
sich bedienen	etw. in aller Ruhe nehmen oder holen
schöpfen	eine Flüssigkeit mit einem Gefäß herausheben
die Ernte, -n	die Menge produzierter Früchte und Feldfrüchte
sich etw. widmen	sich intensiv mit etw. beschäftigen
der Pflug, ¨e	ein landwirtschaftliches Gerät, das zum Umgraben und Auflockern des Bodens verwendet wird

schief	nicht gerade; schräg
ungehalten	verärgert und gereizt; ungeduldig unfreundlich
beschwichtigen	beruhigen; besänftigen
für jmdn. einstehen	für jmds. Verhalten die Verantwortung übernehmen
sein Unwesen treiben	böse Dinge tun; Unruhe und Angst verbreiten
die Untat, -en	eine böse oder schlimme Tat; ein Verbrechen
der Sarg, ¨-e	ein Kasten aus Holz oder Metall, in dem eine Leiche aufbewahrt und bestattet wird

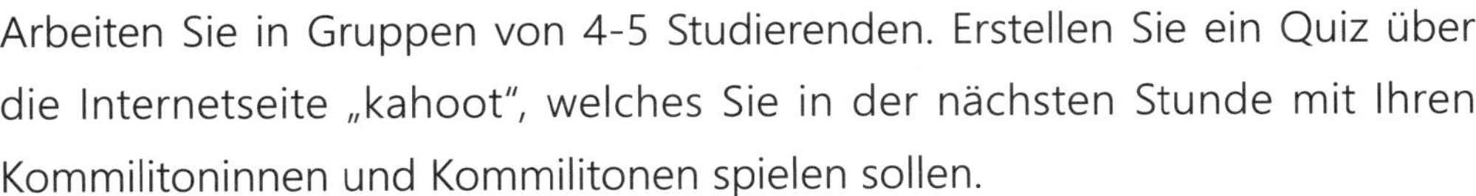

Projektaufgabe 2

Arbeiten Sie in Gruppen von 4-5 Studierenden. Erstellen Sie ein Quiz über die Internetseite „kahoot", welches Sie in der nächsten Stunde mit Ihren Kommilitoninnen und Kommilitonen spielen sollen.
Erstellen Sie 20 Quizfragen, in denen Sie das Wissen Ihrer Kommilitoninnen und Kommilitonen über Lektion 3 und 4 testen, zu den folgenden Kategorien:

- 3 Fragen zu „Geschichten"
- 4 Fragen zu „Personen"
- 3 Fragen zu „Redewendungen (aus den Texten)"
- 5 Fragen zu „Vokabeln"
- 5 offene Fragen

Bei „Geschichten" könnte eine Frage z.B. so aussehen:

Zu welcher Geschichte gehört das folgende Zitat?
„Dass Berater Wei Zheng sich derart direkt äußern kann, muss an der Weisheit Eurer Hoheit liegen! Ich gratuliere Euch!"

A Die Kostbarkeit von Ehrlichkeit
B Wer willentlich die Ohren verschließt, tappt im Dunkeln
C Ehrliche Worte schmerzen den Ohren
D Die Freundschaft der Herren Bao und Guan

05

Von Mensch zu Mensch – die traditionelle Sicht auf Zwischenmenschliches

1 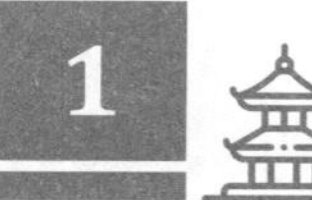 Mann und Frau behandeln einander wie Gäste

1 Im alten China, zur Zeit der Frühlings- und Herbstannalen im Jahre 636 v. Chr., lebte im Reich Jin einst ein Herrscher namens Chong'er. In den Geschichtsbüchern findet man ihn heute als Herrscher Wen des Reiches Jin wieder. Nach neunzehn Jahren des Lebens in Verbannung, war es ihm endlich vergönnt, die Thronfolge anzutreten. Da er zu Amtszeiten stets großen Wert darauf legte, sich nur von den tugendhaftesten Beamten, unter anderem Hu Yan und Zhao Cui, beraten zu lassen, konnte sein Staat das Reich Qi überholen und somit den ersten Rang in der Allianz der Herzogtümer und Königreiche ergattern. Herrscher Wen gilt heute als einer der fünf Hegemonen der Frühlings- und Herbstannalen.

2 Im achten Amtsjahr Herrscher Wens verstarben einige seiner vertrautesten Beamten, unter anderem Hu Mao und Hu Yan. Der Verlust seiner treuen Untertanen glich für den Herrscher dem Verlust seiner eigenen Hände. Die Trauer war groß. Sein ranghöchster Beamter Xu Chen sprach bei ihm vor: „Die zwei Beamten Hu, ja, sie sind nicht mehr. Ganz gewiss wird ihr Genie Eurer Hoheit auf ewig fehlen! Doch erlaubet meiner Wenigkeit, Euch einen Vertreter für die verschiedenen Minister vorzustellen." Des Herrschers Neugier war sofort geweckt.

3 Xu Chen wurde konkreter: „Vor nicht allzu langer Zeit wurde ich auf eine diplomatische Mission ins Ausland geschickt. Als mein Weg die Region Jidi (entspr. dem nordöstlichen Umland der Stadt Hejin in der Provinz Shanxi) kreuzte, erblickte ich mitten auf dem Land einen Mann, der gerade Unkraut jätete. Es war Mittag und seine Ehefrau brachte ihm das Mittagessen hinaus aufs Feld. Ich erinnere mich noch gut daran, wie die Frau ihrem Mann das Essen ehrfürchtig mit beiden Händen überreichte und der Mann es mit entsprechender Feierlichkeit entgegennahm. Erst wurde kurz gebetet und dann begann er zu speisen. Während der Mann aß, wich die Frau nicht von seiner Seite. Erst als er das Mahl beendet hatte, wagte sie vorsichtig das Geschirr aufzuräumen und sich zu entfernen. Sowie die Frau fort war, machte der Mann sich unverzüglich wieder an die Arbeit. Nicht ein Anflug von Muße war ihm

dabei anzumerken.

4 Wenn ein Mann schon in der Ehe einen derart respektvollen Umgang an den Tag legt, wie respektvoll wird er dann wohl erst anderen gegenüber sein? Früher sagten die Menschen: „Respekt und Tugend gehen Hand in Hand". Ich glaube inständig, dass dieser Mann ein Herr von herausragender Tugend ist und erkundigte mich daher nach seinem Namen. Es stellt sich heraus, dass er Xi Que, der Sohn des ehemaligen höchsten Beamten, Xi Rui, ist."

5 Da jener Xi Rui früher einmal Jidi verwaltet hatte, wurde sein Sohn Xi Que von den Leuten auch oft Ji Que genannt. Später entpuppte sich Xi Rui allerdings als Verräter und wurde hingerichtet, woraufhin Xi Que seinen Beamtenstatus verlor und sich als einfacher Mann in Jidi mit Ackerbau durchschlagen musste. Xu Chen war von Xi Ques Talent und Tugendhaftigkeit überzeugt. An der Seite des Herrschers würde er den zwei Hus unwahrscheinlich in etwas nachstehen.

6 Auf der Stirn des Herrschers Wen von Jin runzelten sich die Brauen zu einem Berg zusammen: „Xi Ruis Verbrechen war wirklich gravierend. Wieso sollte ich seinen Sohn in den Dienst einberufen?" Xu Chen entgegnete: „Eure Hoheit, bitte denkt an die beiden legendären Kaiser der Antike, Yao und Shun. Sie selbst waren äußerst tugendhaft, doch bei dem Sohn Kaiser Yaos, Danzhu, sowie bei dem Sohn Kaiser Shuns, Shangjun, war von Tugend keine Spur. Daher waren Yao und Shun auch nicht gewillt, ihnen den Thron zu vererben. Stattdessen entschieden sie sich, die Krone nach ihrem Abdanken an einen Mann wahrlich herausragender Tugend zu vergeben. Denkt nun, bitte, auch noch an Gun, den Vater des großen Yu, der es auch nach neun langen Jahren, die er Yao gedient hatte, nicht geschafft hatte, die Fluten in die Schranken zu weisen. Später wurde er von Shun hingerichtet. Doch Yu, dem Sohn Guns, gelang es, die wogende Flut zu bändigen, woraufhin Shun ihn zum Nachfolger krönte. Noch lange Zeit regierte Yu gebührend und weise. Wie Ihr seht, sind weder Tugendhaftigkeit noch Untauglichkeit erblich. Was nützt es Eurer Hoheit, alte Laster nachzutragen und dabei wertvolles Talent zu verspielen?"

7 Xu Chen hatte seinen Herrscher überzeugt. Er gestand: „Da ich fürchtete, Xi Que würde sich womöglich vom Feind umgarnen lassen, lud ich ihn schon längst in meine Wohnung ein. Ich schätze jedoch, dass er sich erst gebührend empfangen fühlen wird, soweit Eure Hoheit einen Boten nach ihm geschickt

hat." Rasch stattete Herrscher Wen seine bediensteten Boten mit dem für damalige Beamten üblichen Kopfschmuck und einem Beamtengewand aus, um Xi Que offiziell willkommen zu heißen. Xi Que war in keiner Position, die Einladung abzulehnen. Mit der Beamtenspange im Haar reiste er an den Hof. Jener Xi Que war ein großgewachsener Kerl von gut zwei Metern mit der tiefen Stimme einer läutenden Turmglocke. Als Herrscher Wen ihn erblickte, war er hocherfreut. Xu Chen wurde zum Oberbefehlshaber über die Armee ernannt und Xi Que wurde schließlich zu seiner rechten Hand und zum obersten Kriegsminister.

8 Nach nicht allzu langer Zeit verstarb Herrscher Wen des Staates Jin und es trat Herrscher Xiang an seine Stelle. Gerade als die Trauerfeier für den Verstorbenen in vollem Gange war, fiel das Reich Baidi in Jin ein. In der Schlacht war es Xi Que, der Mut und strategische Schläue bewies. Er erschoss den gegnerischen Oberbefehlshaber, Bai Buhu, mit nur einem Pfeil. Schon bald eilte dem Reich Jin der Ruf eines schwer angreifbaren Staates voraus. Herrscher Xiang belohnte Xi Que mit der Beförderung zum höchsten Minister und außerdem ließ er ihn wieder die Region Jidi verwalten. Herrscher Xiang wandte sich an Xu Chen: „Dass Xi Que unserem Reich dient, habe ich Euch zu verdanken. Bloß aus dem Umgang, mit dem sich Xi Que und seine Frau entgegenkamen, konntet Ihr auf seine außerordentliche Eignung schließen. Ihr habt wahrlich Menschenkenntnis." Zur Belohnung sprach der Herrscher auch Xu Chen die Verwaltung einer Präfektur zu.

Aufgaben

a) Lesen Sie den Text und beantworten Sie schriftlich die W-Fragen.

b) **Beantworten Sie die folgenden Fragen. Schreiben Sie in ganzen Sätzen.**

0) Wodurch konnte das Reich Jin zeitweilig so mächtig werden?

   Das Reich Jin konnte dadurch zeitweilig so mächtig werden, dass der regierende Herrscher die fähigen und tüchtigen Personen ernannte.

1) Warum sprach Xu Chen bei Herrscher Wen vor?

2) Wie verhielt sich die Frau gegenüber dem Mann?

3) Wer war jener respektvolle Mann?

4) Warum war der Herrscher skeptisch?

5) Wie konnte Xu Chen den Herrscher überzeugen?

6) Wo hielt sich Xi Que während des Gesprächs zwischen Herrscher Wen und Xu Chen auf?

7) Was leistete Xi Que für das Reich Jin?

C) Was bedeuten die unterstrichenen Ausdrücke aus dem Text? Kreuzen Sie an.

0) „Der Verlust seiner treuen Untertanen glich für den Herrscher dem Verlust seiner eigenen Hände."

☒ gab dem Herrscher das Gefühl, einen wichtigen Teil von sich selbst verloren zu haben

B bedeutete, dass der Herrscher seine Hände abhacken lassen musste

C bedeutete, dass der Herrscher nicht länger regieren konnte

1) „Während der Mann aß, wich die Frau nicht von seiner Seite."

A ließ die Frau ihn allein

B blieb die Frau bei ihm

C stand die Frau stets seitlich von ihm

2) „Nicht ein Anflug von Muße war ihm dabei anzumerken."

A Viel Muße

B Gar keine Muße

C Keine Anstrengung

3) „Wenn ein Mann schon in der Ehe einen derart respektvollen Umgang an den Tag legt, ..."

A stets derart respektvolles Verhalten zeigt

B jeden Tag respektiert und schätzt

C sich tagsüber respektvoll verhält

4) „..., woraufhin Xi Que seinen Beamtenstatus verlor und sich als einfacher Mann in Jidi mit Ackerbau durchschlagen musste."

A in der Landwirtschaftsbranche durchsetzen musste

B seinen Lebensunterhalt mit Ackerbau verdienen musste

C wider Willen dem Ackerbau widmen musste

5) „An der Seite des Herrschers würde er den zwei Hus unwahrscheinlich in etwas nachstehen."

A höchstwahrscheinlich genauso gut oder sogar besser arbeiten als die zwei Hus

B wahrscheinlich nicht die Arbeitsmoral der zwei Hus nachahmen

C wahrscheinlich nicht so früh sterben wie die zwei Hus

6) „Denkt nun, bitte, auch noch an Gun, den Vater des großen Yu, der es auch nach neun langen Jahren, die er Yao gedient hatte, nicht geschafft hatte, die Fluten in die Schranken zu weisen."
   - A das Wasser an Staudämmen zu sammeln
   - B die Fluten auf ein kleineres Gebiet zu beschränken
   - C die Flutkatastrophe unter Kontrolle zu bringen

7) „... und Xi Que wurde schließlich zu seiner rechten Hand und zum obersten Kriegsminister."
   - A dem Beamten, durch dessen Spende der Herrscher eine Handtransplantation bekommen würde
   - B dem Beamten, der rechts von Thron sitzen durfte
   - C seinem treuen Gehilfen

8) „Schon bald eilte dem Reich Jin der Ruf eines schwer angreifbaren Staates voraus."
   - A beeilte sich das Reich Jin, seinen Ruf als schwer angreifbaren Staat zu verbreiten
   - B wusste jeder Gegner anhand der Rufe der Armee des Reiches Jin, dass es sich um einen schwer angreifbaren Staat handelte
   - C war das Reich Jin überall berühmt für seine schwere Angreifbarkeit

d) Notieren Sie Stichpunkte zu den folgenden Fragen und bringen Sie Ihre Notizen mit in den Unterricht.

1) Wie wird die Beziehung zwischen Mann und Frau in dieser Geschichte beschrieben?
2) Wie wird die Beziehung wahrgenommen? Warum wird sie so wahrgenommen?
3) Was denken Sie über eine solche Ehebeziehung? Sind derart verteilte Rollen noch aktuell?
4) Was sagen Sie zu der Schlussfolgerung Herrscher Xiangs in der untenstehenden Textstelle? Stimmen Sie zu? Warum (nicht)?

Herrscher Xiang wandte sich an Xu Chen: „Dass Xi Que unserem Reich dient, habe ich Euch zu verdanken. Bloß aus dem Umgang, mit dem sich Xi Que und seine Frau entgegenkamen, konntet Ihr auf seine außerordentliche Eignung schließen. Ihr habt wahrlich Menschenkenntnis."

2 Kaiser Wen der Han-Dynastie pflegt seine kranke Mutter

1 Zur Zeit der Westlichen Han-Dynastie lebte ein weiser und seinen Eltern gegenüber pietätvoller Kaiser. Er war ein pflichtbewusster und gütiger Mann. Sein Name war Liu Heng und er regierte als Kaiser Wen der Han-Dynastie.

2 Kaiser Wen hatte sich täglich mit zahlreichen Staatsangelegenheiten auseinanderzusetzen und arbeitete sehr hart. Doch trotzdem vergaß er es niemals, sich nach dem Befinden seiner Mutter, der Kaiserinmutter Bo, zu erkundigen.

3 Einmal fesselte eine schwere Krankheit die Kaiserinmutter Bo ans Bett. Kaiser Wen kümmerte sich äußerst aufmerksam und bedacht um sie. Wenn er tagsüber Zeit hatte, so sah er umgehend nach seiner Mutter. Auch abends war er nicht gewillt, von ihrer Seite zu weichen. Häufig blieb er vollkommen angekleidet in ihrer Nähe, um jederzeit ihr Rufen hören zu können. Erst nachdem sie eingeschlafen war, lehnte er sich vor auf ihr Bett und ruhte für eine Weile.

4 Kaiser Wen blieb nicht nur Tag und Nacht an der Seite seiner Mutter, sondern

kochte ebenfalls die Medizin für sie. Jedes Mal, nachdem die Medizin fertig war, schmeckte er ab, ob der Sud zu bitter oder zu heiß war. Erst nachdem er den Sud für geeignet hielt, gab er ihn seiner Mutter zu trinken.

5 Nur sehr selten fand Kaiser Wen keine Zeit, um die Medizin für seine Mutter zu kochen. In diesen Fällen musste er das von dem Hofarzt erledigen lassen. Aber auch dann ließ er sich die Medizin von dem Hofarzt bringen, um sie persönlich abzuschmecken. Wurde ein Sud nicht zuvor von ihm selbst probiert, dann ließ er ihn unter keinen Umständen seiner Mutter zu trinken geben.

6 Kaiserinmutter Bo sah, dass ihr Sohn sehr beschäftigt mit den staatlichen Politiken war und trotzdem Zeit finden wollte, um sich um sie zu kümmern. Sehr bekümmert sagte sie zu ihm: „Mein Sohn, Du musst Dich nicht so sehr darum bemühen, für mich zu sorgen. Ich habe so viele Hofärzte und Kammerdienerinnen um mich. Sie zu haben ist vollkommen ausreichend."

7 Kaiser Wen entgegnete sehr respektvoll: „Mutter, Eure Krankheit kann von den Hofärzten behandelt werden und Ihr könnt von den Kammerdienerinnen umsorgt werden. Dennoch bin ich Euer Sohn. Euch gegenüber meine Pflichten der kindlichen Pietät zu erfüllen ist die rechte Tat. Ihr solltet von mir umsorgt werden. Nur so fühle ich mich wohl."

8 Zwar gibt es die Redensart: „Bei langer Krankheit gibt es an dem Bett keine pietätvollen Kinder", aber Kaiser Wen der Han-Dynastie sorgte ohne Unterlass für seine Mutter. Erst nach drei Jahren erholte sich Kaiserinmutter Bo wieder. In diesen drei Jahren war er immer wie am ersten Tag an ihrer Seite – wahrhaft rühmlich! Sein guter Ruf verbreitete sich schnell und allerorts pries man ihn als gütigen und pflichtbewussten Mann. Ein Gedicht zu seinem Lob lautete: Kunde seiner Güte und seines Pflichtbewusstseins wurde allerorts gehört, hebt ihn empor zum Obersten unter den Fürsten; Blieb die Krankheit der Kaiserinmutter auch für drei Jahre, musste der Sud immer erst von ihm probiert werden.

Aufgaben

a) Sehen Sie sich das Bild an und tauschen Sie sich zu zweit aus.

- Worum geht es vermutlich in der Geschichte?
- Kennen Sie die Geschichte? Vergleichen Sie Ihr Vorwissen.

b) Lesen Sie den Text und kreuzen Sie an: richtig(r), falsch(f), oder nicht genannt(x).

	r	f	x
0) Kaiser Wen war pflichtbewusst und gütig.	☒	☐	☐
1) Kaiserinmutter Bo hatte eine Erkältung.	☐	☐	☐
2) Kaiser Wen hatte viel Zeit, um sich um seine kranke Mutter zu kümmern.	☐	☐	☐
3) In der Regel kochte der Hofarzt die Medizin für Kaiserinmutter Bo.	☐	☐	☐
4) Kaiser Wen ließ seine Mutter nur Medizin trinken, die er zuvor probiert hatte.	☐	☐	☐
5) Die Bediensteten waren sehr glücklich über das Verhalten von Kaiser Wen.	☐	☐	☐
6) Es ist normal, dass sich Kinder jahrelang fürsorglich um ihre kranken Eltern kümmern.	☐	☐	☐

c) Notieren Sie zu zweit Stichpunkte zu den folgenden Fragen.

- Wie ist die Beziehung zwischen Mutter und Sohn?
- Was ist besonders an ihrer Beziehung?

Tauschen Sie sich auch über Ihre Notizen aus Aufgabe 1d) aus. Diskutieren und notieren Sie anschließend:

- Wo bestehen Unterschiede und Gemeinsamkeiten zu der Mann-Frau-Beziehung aus Text 1?

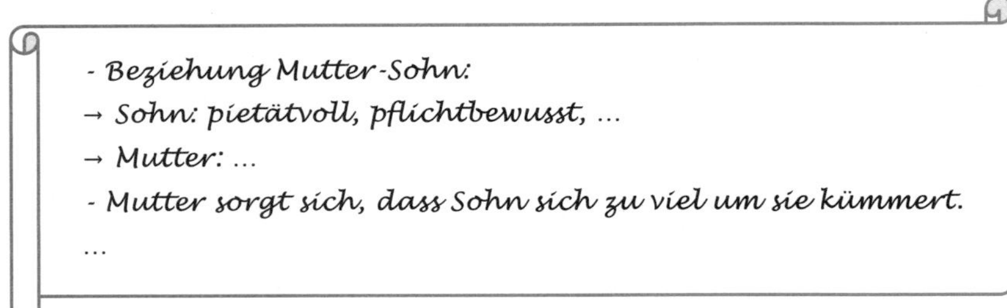

d) Lesen Sie noch einmal die unterstrichene Textstelle im Abschnitt 8 und versuchen Sie in Gruppen die folgenden Fragen zu beantworten.

- Stimmen Sie der Beurteilung des Verhaltens des Kaisers zu oder finden Sie es übertrieben? Warum?
- Wie ist die Beziehung zwischen Mutter und Kind in Ihrer Familie?
- Wie schätzen Sie die Eltern-Kind-Beziehung allgemein im chinesischen Kulturraum ein?

3 Die Schüler des Meister Cheng frieren vor verschlossener Tür

a) Überfliegen Sie den Text und markieren Sie in jedem Absatz 2-3 Schlüsselwörter wie im Beispiel.

1 Es war einmal, in der Nördlichen Song-Dynastie, ein Gelehrter Namens Yang Shi. Schon als er ein kleiner Junge war, zeigten sich erste Vorzeichen seines literarischen Talents, denn seine Aufsätze waren schon damals ausgezeichnet. Sobald er alt genug war, widmete er sich eifrig dem Studium der Klassiker, sodass es ihm schließlich schon im Alter von nur dreiundzwanzig Jahren gelang, die offizielle Beamtenprüfung zu bestehen und einen Beamtenposten zu belegen.

2 Zu Lebzeiten Yang Shis wirkten auch die Cheng-Brüder, Cheng Yi und Cheng Hao, zwei berühmte Gelehrte aus Henan, die sich auf die Lehren des Konfuzius und des Menzius spezialisiert hatten. Die Cheng-Brüder gelten heute als die Urväter des Neokonfuzianismus der Song-Zeit. In der späten Song-Dynastie wurden ihre Ideen und Anschauungen durch den berühmten Zhu Xi aufgearbeitet und neu verschriftlich, sodass man heute von der Cheng-Zhu-Strömung im Neokonfuzianismus spricht. Die Cheng-Brüder genossen unter den Gelehrten in den nördlichen Gebieten großes Ansehen, denn wer etwas auf sich hielt, für den kamen nur Lehrer wie Cheng Yi und Cheng Hao in Frage. Jährlich kamen Gelehrte in großen Zahlen angeströmt, die alle hofften, bei den Chengs in Lehre gehen zu können.

3 Yang Shi war als Lokalbeamter in Yingchang tätig, wo auch Cheng Hao seinen Sitz hatte. Schon bald etablierte sich zwischen den beiden ein harmonisches Lehrer-Schüler-Verhältnis, denn Yang Shi und Cheng Hao verstanden sich prächtig. Cheng Hao wusste vor allem die Bescheidenheit und den Fleiß seines Schülers sehr zu schätzen. Leider musste Cheng Hao nach vier Jahren das Zeitliche segnen, woraufhin Yang Shi sich entschied, sein Studium bei dem Bruder seines Lehrers, Cheng Yi, fortzusetzen. Zu der Zeit, als er nach Luoyang loszog, um Cheng Yi aufzusuchen, ging Yang Shi bereits auf die Vierzig zu.

4 Rasch erkannte Cheng Yi den Lerneifer Yang Shis und nicht nur nahm er ihn wohlwollend als seinen Schüler auf, er gab auch stets sein Bestes, um sein gesamtes Wissen an Yang Shi weiterzugeben. Im Gegenzug zollte Yang Shi seinem Lehrer den größtmöglichen Respekt, keine Sekunde ließ er es an der Etikette ermangeln, die sich für einen Schüler geziemte.

5 Eines Wintertages wollten Yang Shi und sein Freund You Zuo ihrem Lehrer ihre Aufwartung machen. Jedoch durchlief Luoyang zu der Zeit gerade die neun kältesten Tage des Jahres, sodass es draußen bitterkalt war und die Wege von Schnee und Eis bedeckt waren.

6 Nachdem die beiden Freunde den eisigen Weg zur Songyang-Akademie, an der Cheng Yi unterrichtete, hinter sich gebracht hatten, mussten sie feststellen, dass ihr Lehrer gerade in aller Seelenruhe vor dem Kamin meditierte. Yang Shi und You Zuo hatten zwei Optionen: Entweder sie blieben hier draußen in klirrender Kälte oder sie ließen sich in der behaglichen Stube die Wangen wärmen, weckten dadurch aber Cheng Yi aus der Trance. Hier wäre die letztere mit Sicherheit die bessere Wahl gewesen, jedoch brachten die Schüler es nicht fertig, ihren Lehrer in der Ruhe zu stören, zumal sie auch nicht unbedeutend Respekt vor der Autorität ihres Lehrers hatten. Schließlich erschien es ihnen am klügsten, vor der Tür auszuharren, bis Cheng Yi von selbst aufwachte.

7 Mit der Zeit nahm der Wind zu und schnitt den beiden Schülern scharf in die Gesichter und irgendwann setzte auch ein Schneetreiben ein. Tanzende Schneeflocken legten sich Schicht für Schicht auf Kopf und Schultern der Wartenden, bis sie ganz zugedeckt waren. Doch all dies entlockte Yang Shi und You Zuo nicht einmal einen Seufzer. Auch als ihre Füße bereits zu Eis gefroren waren und sie am ganzen Körper laut schlotterten, blieben sie respektvoll draußen vor der Tür stehen. Die Zeit verging quälend langsam. Schließlich standen sie dort mit violetten Lippen und blauen Händen, doch kam es ihnen trotzdem nicht in den Sinn, ihren Lehrer aufzuschrecken.

8 Nach einer gefühlten Unendlichkeit erwachte Cheng Yi dann doch von selbst aus der Trance. Yang Shi und You Zuo waren in der Zwischenzeit nun gänzlich eingeschneit. Wie zwei Schneemänner standen sie steif vor der Tür.

9 Als Cheng Yi aus dem Fenster blickte, erkannte er nur zwei große Schneegestalten. Verdutzt eilte er zur Tür und öffnete sie. Als er dort seine

lieben Schüler erkannte, erfüllte es ihn mit großer Rührung und er musste die beiden fragen: „Warum kommt ihr denn nicht eher herein und weckt mich? Draußen ist's ja bitterkalt!"

10 Erst jetzt erschien es Yang Shi und You Zuo angemessen, die Akademie zu betreten. Daher kamen sie nun herein und verbeugten sich vor ihrem Lehrer. Anschließend ließen die drei sich am Kaminfeuer nieder und begannen, gemeinsam über die Lehren zu fachsimpeln. An jenem Abend amüsierten sich die drei noch prächtig bis in die Nacht hinein.

11 Diese ist also die Geschichte hinter dem Sprichwort „Vor der Pforte des Meisters Cheng im Schnee stehen". Bis heute wird es häufig von Gelehrten und Studierenden benutzt, um die ideale Studienmoral zu beschreiben, bei der der Schüler den Lehrer ehrt, stets höflich und bescheiden ist und mit Eifer für sein Studium brennt.

Aufgaben

b) **Stellen Sie einander zu zweit inhaltliche Fragen zum Text. Ihre Partnerin oder Ihr Partner beantwortet Ihre Fragen. Wechseln Sie sich ab. Jeder sollte mindestens sechs Fragen stellen.**

① A: Zu welcher Jahreszeit spielt die Geschichte?
B: Ich glaube, die Geschichte spielt im Winter.

② B: Warum ...?
A: ...

c) **Vergleichen Sie Ihre Schlüsselwörter mit Ihrer Partnerin oder Ihrem Partner. Formulieren Sie gemeinsam Überschriften für die Absätze.**

1. Der Literat Yang Shi
2. ...
- Beziehung Mann-Frau:
→ Frau bedient Mann
→ Mann arbeitet fleißig
→ ...
- Wahrnehmung d. Beziehung:
1. Der begabte Yang Shi
2. ...

d) **Notieren Sie Stichpunkte zu den folgenden Fragen. Diskutieren Sie anschließend in Gruppen.**

- Wie ist die Beziehung zwischen Schüler und Lehrer?
- Was ist das Besondere an der Beziehung?
- Warum verhalten sich die Schüler so?
- Wie beurteilen Sie das Verhalten der Schüler? Ist es angemessen oder übertrieben?
- Wie ist das Verhältnis zwischen Schüler und Lehrer heute? Ist es ähnlich oder anders?
- Beschreiben Sie Ihr persönliches Verhältnis zu Ihren Lehrern.

e) **Erstellen Sie dann anhand Ihrer Diskussionsergebnisse eine Mindmap wie im folgenden Beispiel zu den drei Arten der zwischenmenschlichen Beziehungen des alten China, die sie bisher kennen gelernt haben. Präsentieren Sie Ihre Mindmap schließlich im Kurs.**

4 Han Yanshou schließt sich in seiner Kammer ein und überdenkt seine Fehler

1 Han Yanshou war ein berühmter Literat in der Westlichen Han-Dynastie. Aufgrund seines beispielhaften Wirkens in der Region Huaiyang, versetzte Kaiser Xuan ihn in die schwierige Präfektur Yingchuan. Han Yanshou hatte sein politisches Handeln streng an Gesetz und Moral orientiert. Durch Bildung und Aufklärung ließ sich der Mensch zum Guten bekehren, durch Verständnis und Nachsicht ließen sich persönliche und öffentliche Zwiste lösen. Davon war Han Yanshou überzeugt.

2 Eines Tages machte Han Yanshou gerade seine Runde in der Präfektur Gaoling, als er plötzlich zwei Brüder bemerkte, die sich garstig darum schlugen, wer denn nun der rechtmäßige Eigentümer ihres Feldes sei. Der Anblick der Streithähne betrübte Han Yanshou zutiefst, und gleichzeitig verletzte es ihn. Waren seine beharrlichen Bildungsversuche etwa derart erfolglos geblieben? Er wandte sich an die Streithähne: „In dieser Präfektur zu walten ist wahrlich eine große Ehre, die mir zuteilwurde! Doch habe ich es gänzlich versäumt, dem örtlichen Volk den rechten Weg zu weisen. Wie kann ich erwarten, dass das Volk, dem ich der Herrscher bin, das aber noch nicht den Weg zur moralischen Aufklärung finden konnte, sich nicht derart grob beträgt? Oh, Ihre streitenden, schlagenden Brüder, Eure Wut ist nur folgerichtig! Der Schuldige hier bin ich! Ich werde meinen Posten niederlegen und meine Kammer fest absperren. Ja, dort werde ich nachdenken über diesen groben Schnitzer. Soll der Kaiserhof mich gerecht strafen!" Unverzüglich begab Han Yanshou sich in seine Wohnstatt, wo er die Tür fest verriegelte und begann, seine Fehler zu reflektieren. Lange Zeit ließ er sich nicht mehr blicken.

3 Han Yanshous Verhalten stiftete erhebliche Verunsicherung im örtlichen Amt. Allmählich begannen die Beamte einer nach dem anderen, sich selbst zum Schuldigen des Ganzen zu erklären. Viele ließen sich freiwillig fesseln und sogar verhaften. Auch die zankenden Brüder waren zunächst nicht wenig verwirrt, und noch dazu machten ihre verunsicherten und beängstigten Familien ihnen zu Hause die Hölle heiß. Doch schon bald wurden aus Verwirrung Rührung und

Reue. Nur wenig später erschienen die Brüder mit kahlgeschorenen Häuptern und entblößten Oberkörpern im örtlichen Regierungsgebäude und bekannten sich zu ihrer Schuld. Ein jeder erklärte sich gewillt, das Feld ganz und gar an den anderen zu überschreiben. Hauptsache, der ehrenwerte Herr Präfekt vergab ihnen. Erst jetzt beendete Han Yanshou seinen selbstverordneten Hausarrest und trat vor die Beamten und die Brüder. An jenem Abend gab es ein großes Fest der Versöhnung in Gaoling.

4 Heute verwenden die Menschen das Sprichwort „Die Kammer zusperren, um die Fehler zu bedenken" häufig, um auszudrücken, dass man sich zurückzieht, um in Ruhe über die eigenen Fehler nachzudenken.

Aufgaben

a) Worum geht es in dem Text? Lesen Sie den Text und kreuzen Sie die richtige Antwort an.

A Wenn man einen Fehler macht, sollte man um Verzeihung bitten.

B Manchmal kann es zur Lösung des Konfliktes beitragen, wenn man sich zunächst entfernt und Selbstkritik übt.

C Wenn Bildung und Aufklärung zu kurz gekommen sind, hat man als Herrscher versagt.

b) Was steht NICHT im Text? Kreuzen Sie jene Aussagen an, die sich nicht anhand des Texts belegen lassen.

0) Gesetze verboten Han Yanshou, seinen Regierungsposten abzugeben. ☒
1) Kaiser Xuan traute Han Yanshou viel zu. ☐
2) Für Han Yanshou war Intelligenz sehr wichtig. ☐
3) Der Anblick der Streithähne machte Han Yanshou wütend. ☐
4) Han Yanshou fühlte sich für den Streit der Brüder verantwortlich. ☐
5) Han Yanshou blickte lange Zeit nicht mehr aus dem Fenster. ☐
6) Die Beamten erkannten ihre eigenen Fehler. ☐
7) Die Brüder wollten das Feld dem jeweils anderen überlassen. ☐
8) Das Sprichwort besagt, dass man sich aus Konflikten heraushalten sollte. ☐

c) **Füllen Sie die Lücken in den Aussagen mithilfe des Textes. Die Aussagen kommen nicht direkt im Text vor. Finden Sie passende Formulierungen anhand des Inhalts.**

0) Han Yanshou war davon überzeugt, dass _Verständnis_ und __________ zur Konfliktlösung beitragen konnten und, dass __________ und __________ das Gute im Menschen hervorriefen.
1) Han Yanshou war __________, weil die zwei Brüder sich unnachsichtig und verständnislos verhielten.
2) Han Yanshou schloss sich in seiner __________ ein, denn er erklärte sein eigenes mangelhaftes Walten über die Präfektur als Ursache für den __________.
3) Die Familien der __________ hatten Angst vor Konsequenzen, deshalb __________ sie diese.
4) Oberkörperfrei und mit einer Glatze kamen die Brüder in __________ und erklärten sich für schuldig.
5) Am Ende hatte Präfekt Han Yanshou den Brüdern __________ und veranstaltete __________.

d) **Vervollständigen Sie Ihre Mindmap aus Aufgabe 3e). Welche Art der zwischenmenschlichen Beziehung, die sie kennen, fehlt noch? Schreiben Sie auch diese dazu.**

e) **Inwiefern haben die traditionellen konfuzianischen Beziehungen Einfluss auf das Miteinander im heutigen China ausgeübt? Schreiben Sie zu dieser Frage einen Kommentar. Gehen Sie dabei detailliert auf eine Art der Beziehung ein. Stützen Sie Ihre Argumente mit Beispielen. Schreiben Sie mindestens 200 Wörter.**

Einen Kommentar schreiben

Ein Kommentar besteht aus **Einleitung**, **Hauptteil** und **Schluss**.

Die Einleitung beginnt mit der **These** und der **Darstellung des Sachverhalts**. Aus der Einleitung sollte außerdem bereits die **eigene Meinung** hervorgehen.

Ziel des Hauptteils ist es, **Argumente anzuführen** und dabei die **eigene Meinung** einfließen zu lassen. Die Argumentationsstruktur ist frei. Anders als bei einer Zusammenfassung oder einer Erörterung/Diskussion, darf bei einem Kommentar **wertend** geschrieben werden, d.h. es dürfen Wörter wie *gut/verbessern* oder *schlimm/verschlimmern* verwendet werden. Auch rhetorische Mittel wie *rhetorische Fragen, Ironie* oder *Übertreibungen* sind erlaubt.

Im Schlussteil sollte noch einmal **das Wichtigste zusammengefasst** und **Bezug auf das Thema** und die **Einleitung** genommen werden. Möglich sind hier auch ein **Zukunftsausblick** oder **Forderungen**.

Redemittel zum Schreiben eines Kommentars

Einleiten

Das Thema meines Kommentars ist ...

Ich werde mich in diesem Kommentar mit dem Thema ... auseinandersetzen.

Zunächst möchte ich ...

Die eigene Meinung äußern und begründen

Ich bin der Meinung/Auffassung/Ansicht, dass ...

In meinen Augen ..., denn ...

Argumente anführen, begründen und mit Beispielen stützen

Zum einen ... zum anderen ...

Ich nehme an / vermute / schätze, dass ...

Auch wenn ..., hat/ist ... trotzdem ...

Der Grund dafür ist ...

Dies zeigt sich zum Beispiel an ...

Ein gutes Beispiel dafür ist ...Dies liegt daran, dass ...

Zusammenfassen

Abschließend lässt sich sagen, dass ...

Zusammenfassend lässt sich sagen, dass ...

In Zukunft wird wohl ...

Vokabelliste

Text 1

die Verbannung, -en	die unfreiwillige Verweisung einer Person aus ihrer gewohnten Umgebung oder Heimat
vergönnen	jmdm. etw. zugestehen oder erlauben, an dem dieser sich erfreut (häufig in unpersönlichen Konstruktionen, in denen das Schicksal verantwortlich gemacht wird)
der Hegemon, -en	Herrscher, der eine Vormachtstellung gegenüber anderen Herrschern besitzt
meine Wenigkeit	die Person, die spricht (drückt Bescheidenheit aus)
jäten	(Unkraut) aus dem Boden ziehend entfernen; etw. von Unkraut befreien
die Muße (nur Sg.)	freie Zeit und (innere) Ruhe, um etw. zu tun, was den eigenen Interessen entspricht
inständig	sehr eindringlich und nachdrücklich
erkundigen	um Auskunft bitten; durch Fragen etw. zu erfahren suchen; nachfragen
entpuppen	sich überraschenderweise als jmd. oder etw. erweisen
der Verräter, -	männliche Person, die einen Verrat begangen hat
der Verrat (nur Sg.)	Bruch eines Vertrauensverhältnisses; Zerstörung des Vertrauens durch eine Handlungsweise, mit der jmd. hintergangen, getäuscht oder betrogen wird
runzeln	in Falten ziehen; faltig zusammenziehen

abdanken	von einem Amt zurücktreten
bändigen	(trotz starken Widerstandes) unter seinen Willen bringen; etw. unter seine Kontrolle bringen
gebührend	den Verhältnissen entsprechend; angemessen
das Laster, -	schlechte Angewohnheit (Gegenteil: Tugend)
verspielen	etw. durch eigenes Verschulden oder Leichtfertigkeit verlieren
umgarnen	durch Schmeichelei, Koketterie o. Ä. versuchen, jmdn. für sich zu gewinnen
die Trauerfeier, -n	Feier anlässlich des Todes eines oder mehrerer Menschen
die Eignung, -en	Tauglichkeit; Brauchbarkeit

Text 2

sich mit etw. auseinandersetzen	sich eingehend mit etw. beschäftigen; etw. kritisch durchdenken
das Befinden (nur Sg.)	körperlich-psychische Verfassung; Gesundheitszustand
der Sud, -e	Flüssigkeit, in der etw. gekocht wird und die danach zurückbleibt
abschmecken	den Geschmack einer zubereiteten Speise prüfen
die Kammerdienerin, -nen	weibliche Person, deren Aufgabe die persönliche Bedienung einer hochgestellten Dame ist

die Pietät, -en	pflichtbewusstes Benehmen gegenüber anderen (孝 wird übersetzt mit: kindliche Pietät)
ohne Unterlass	ununterbrochen; unaufhörlich
preisen	die Vorzüge einer Person oder Sache begeistert hervorheben; rühmen; loben

Text 3

das Vorzeichen, -	Anzeichen, das auf etw. Künftiges hindeutet
der Klassiker, -	ein klassisches Werk; ein althergebrachtes Werk, das von hoher Qualität oder hohem Standard ist (经 wird übersetzt mit: Klassiker)
der Urvater, ¨	männliche Person, die eine bestimmte Lehre einführt oder die Grundlagen zu etw. schafft (=Begründer); männlicher Begründer eines Geschlechts, einer Sippe, eines Stammes oder eines Volkes von Menschen (=Stammvater; Ahnherr)
aufarbeiten	zusammenfassend betrachten und bearbeiten
etw. auf sich halten	eine hohe Meinung von sich selbst haben; von der eigenen Eignung überzeugt sein
anströmen	in großer Zahl herbeikommen
der Sitz, -e	Ort, an dem man wohnt (Wohnsitz); Ort, an dem sich eine Institution, Regierung, Verwaltung o. Ä. befindet
das Zeitliche segnen	eines natürlichen Todes sterben
der Gegenzug, ¨e	Reaktion einer Seite auf die vorhergehende Handlung der anderen Seite

die Etikette, -n	Gesamtheit der herkömmlichen Regeln, die gesellschaftliche Umgangsformen vorschreiben
die Aufwartung, -en	Höflichkeitsbesuch; ein Besuch aus Höflichkeit
in aller Seelenruhe	in unerschütterliche Ruhe; in Ruhe, auch wenn Eile geboten ist
meditieren	ganz im Hier und Jetzt zu sein; nachdenken
behaglich	gemütlich, bequem
die Stube, -n	warmer Wohnraum oder Zimmer; Wohnzimmer
sich geziemen	den Regeln des Anstands oder den Normen der Sittlichkeit entsprechen
die klirrende Kälte	eisige Kälte; sehr starke Kälte
etw. nicht fertigbringen	etw. aus moralischer Überzeugung, emotionalen Gründen oder Mangel an Ressourcen, Zeit oder Motivation nicht tun können
ausharren	an einem bestimmten Ort (trotz widriger Umstände) geduldig bis zum Ende warten; aushalten
das Schneetreiben, -	vom Wind bewegter, relativ heftiger Schneefall
schlottern	heftig zittern
verdutzt	überrascht; verblüfft; verwirrt
die Rührung, -en	weich stimmende, innere Bewegtheit; Ergriffenheit

Text 4

die Aufklärung, -en	Belehrung über politische o. ä. Fragen
bekehren	jmdn. von seinen bisherigen Ansichten abbringen und von den eigenen überzeugen

die Nachsicht (nur Sg.)	verzeihendes Verständnis für die Unvollkommenheiten oder Schwächen anderer
der Zwist, -e	andauernde Streitigkeit; anhaltendes Zerwürfnis
der Streithahn, ¨e	jmd., der sich mit einem anderen streitet; jmd., der leicht in einen Streit gerät
betrüben	traurig machen; traurig stimmen; bekümmern
beharrlich	ausdauernd; hartnäckig
sich betragen	sich benehmen; sich verhalten
folgerichtig	sich logisch und konsequent aus etw. Vorhergehendem ergebend
fesseln	durch Festbinden oder Anlegen von Fesseln seiner Bewegungsfreiheit berauben
die Wohnstatt	Wohnstätte; Platz, wo jmd. seine Wohnung hat; Haus, in dem jemand wohnt; Wohnung
jmdn. die Hölle heißmachen	jmdm. (durch Drohungen) heftig zusetzen; jmdn. scharf zurechtweisen
entblößen	Kleidung vom Körper oder Körperteil entfernen
bekennen	offen zugeben; eingestehen
der Hausarrest, -e	Strafe, bei der dem Bestraften verboten ist, das Haus zu verlassen

06

Die harmonische Gesellschaft – Aber was bedeutet das?

1 Guan Ning zerschneidet die Matte und beendet die Freundschaft

1 Es waren einmal im China der Han-Dynastie zwei Gelehrte namens Guan Ning und Hua Xin. Früher verband die beiden, dass sie sich häufig zum gemeinsamen Lernen trafen. Allerdings muss gesagt werden, dass sie, was das Lernen betraf, äußerst verschiedene Einstellungen an den Tag legten. Guan Ning war stets tüchtig und beflissen, während Huan Xin hingegen oft nicht ganz bei der Sache bleiben konnte.

2 Eines Tages saßen die zwei Freunde gerade auf ihrer Matte im Studierzimmer und widmeten sich eifrig dem Studium, als draußen mit großem Trara eine Sänfte vorbeigetragen wurde. Trommelschläge und Gongklänge mischten sich mit Rufen und Schreien von Männern und Pferden. Hinzu kamen aufgeregte Kinderscharen, die aus allen erdenklichen Gassen strömten, um sich jauchzend und japsend am Spektakel zu ergötzen. Scheinbar befand sich in der Sänfte ein hochrangiger Beamter des Kaiserhofs.

3 Gegen das Geschrei auf der Straße wusste der tüchtige Guan Ning sich zu helfen, denn kurzerhand stand er auf und verriegelte sämtliche Fenster und Türen. Dann setzte er sich kerzengerade zurück an den Studiertisch und steckte seine Nase in ein Buch, als wäre nichts gewesen.

4 Hua Xin ging mit der Lage anders um. Es fiel ihm äußerst schwer, sich auf der Matte zu halten, denn mal stand er auf, mal setzte er sich wieder, und oft musste er unruhig in die Gegend schauen. Schließlich ließ es sich gar nicht mehr aushalten – Hua Xin legte seine Lektüre nieder und rannte auf die Straße inmitten des regen Treibens.

5 Wie Guan Ning das Verhalten seines Studienkumpanen so beobachtete, störte er sich jetzt nicht nur an der Unbeständigkeit seines Freundes, auch musste er unvermittelt an all die Anlässe zurückdenken, zu denen Hua Xin sich unmöglich verhalten hatte. Da wurde Guan Ning klar, mit so einem Menschen hatte er nicht das geringste gemein und mit so jemandem würde er auch nicht einen Tag länger befreundet sein können. Da überkam es ihn und aus einem Impuls heraus zerschnitt er die Matte, welche die beiden sich zum Sitzen geteilt hatten, um das Ende der Freundschaft zu markieren.

6 Das Sprichwort, dem diese Geschichte vorausgeht, wird noch heute benutzt, um auszudrücken, dass eine Freundschaft, da beide Parteien unüberbrückbaren Differenzen gegenüberstehen und die Zuneigung zueinander verlieren, ihr Ende findet.

Aufgaben

a) Lesen Sie den Text. Was passt zusammen? Verbinden Sie die Sätze.

1	Guan Ning war stets	A	versammelte sich draußen.
2	Hua Xin war oft	B	die Freundschaft beenden.
3	Hua Xin wollte	C	sich das Spektakel ansehen.
4	Eine Gruppe Kinder	D	fleißig.
5	Das laute Spektakel	E	unkonzentriert.
6	Guan Ning wollte	F	lenkte Huan Xin sehr ab.
7	Die zerschnittene Matte	G	symbolisiert das Ende der Freundschaft.

b) Wie werden Hua Xin und Guan Ning dargestellt? Schreiben Sie die Eigenschaften der Beiden in eine Tabelle.

Hua Xin	Guan Ning
– oft nicht ganz bei der Sache – ...	– ...

c) Worum geht es in der Geschichte? Fassen Sie sie in 3-5 Sätzen zusammen.

____

____

____

____

____

____

d) Notieren Sie Stichpunkte zu den folgenden Fragen und diskutieren Sie zu zweit.

– Guan Ning beendet die Freundschaft mit Hua Xin. Finden Sie diese Entscheidung harmonisch? Warum (nicht)?
– Was bedeutet Harmonie für Sie?
– Wie wichtig ist Ihnen Harmonie in einer Freundschaft?
– Wie erzeugen Sie Harmonie in einer Freundschaft? Machen Sie es bewusst oder unbewusst?

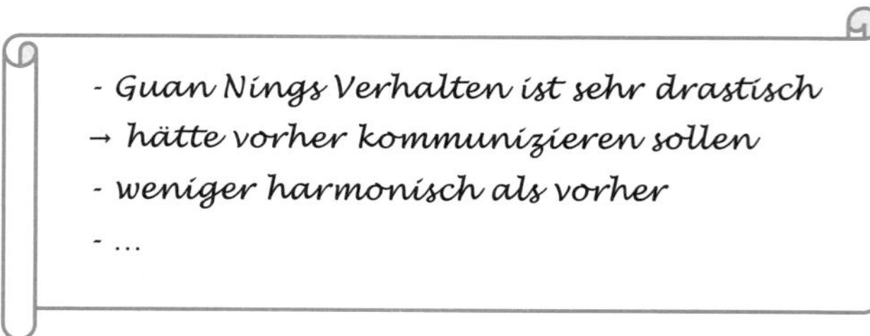

2  Cao Pi legt keinen Wert auf Familienbande und wünscht seinem Bruder den Tod

1 Es war einmal ein Mann namens Cao Zhi. Er gilt als einer der bedeutendsten Literaturschöpfer der Zeit der Drei Reiche. Seine herausragenden Gedichte und Lieder brachten ihm den Ehrentitel *Meister der einkehrenden Ruhe* ein.

2 Von Kindesbeinen an erhielt Cao Zhi eine umfassende literarische Ausbildung. Bereits im Alter von zehn Jahren konnte er Werke wie das *Buch der Lieder*, die *Gespräche des Konfuzius* sowie zahlreiche Gedichte vorlesen, die aus mehreren hunderttausend Schriftzeichen bestanden. Auch wenn er selbst den Pinsel in die Hand nahm, bewies er geistige Schnelligkeit, denn seine Schriftstücke schrieb er stets in einem Rutsch herunter. Sein Vater Cao Cao fragte ihn einmal voller Erstaunen: „Hat wohl ein Zweiter dieses Stück für dich verfasst?" Da erwiderte Cao Zhi: „Wieso sollte ein Zweiter für mich schreiben? Wenn Ihr, Vater, mir nicht glaubt, dann stellt mich gleich hier und jetzt auf die Probe!" Da verstand Cao Cao: Sein Sohn war unfehlbar mit überragendem literarischem Talent gesegnet worden. Fortan schenkte Cao Cao seinem Sohn besondere Aufmerksamkeit.

3 Schon im Jugendalter hegte Cao Zhi ehrgeizige politische Ambitionen. Zeitweilig fand auch Cao Cao, dass Cao Zhi unter den Brüdern derjenige mit den größten Aussichten auf große Erfolge war. Mehrmals wollte er die Krönung Cao Zhis zum Prinzen der Wei-Dynastie in die Wege leiten, sodass dieser später seinen Posten übernehmen könnte. Allerdings hatte Cao Zhis großer Bruder, Cao Pi, als der älteste unter den Söhnen von vorneherein die besseren Karten. Überhaupt war dieser der Meister der politischen Intrigen und wusste genau, wie man die Massen für sich gewann. Innerhalb kürzester Zeit konnte er die Karriereleiter hinaufklettern und einen hohen Beamtenposten erlangen. Schließlich gelang es ihm, die Meinung seines Vaters zu ändern. Im 22. Jahr der „einkehrenden Ruhe" (217 n. Chr.) wurde Cao Pi zum Prinzen der Wei-Dynastie gekrönt. Als wäre es nicht genug, dass Cao Zhi als Verlierer aus diesem Kampf hervorging, fiel er fortan dem Argwohn seines Bruders zum Opfer.

4 Im Jahre 220 erlag Cao Cao einer Krankheit. Cao Pi übernahm zunächst den

Kanzlerposten, den sein Vater innegehabt hatte und ernannte sich nur kurze Zeit später selbst zum Kaiser, später bekannt als Kaiser Wen der Wei-Dynastie. Im elften Monat des Mondkalenders enthob Cao Pi Kaiser Xian der Han-Dynastie seines Amtes und degradierte ihn zum Herzog von Shanyang. Zu guter Letzt verlegte er die Hauptstadt nach Luoyang.

5 Von da an begann die politische Verfolgung Cao Zhis. Ausnahmslos ließ Cao Pi sämtliche Anhänger Cao Zhis festnehmen und hinrichten. Des Weiteren bezichtigte Cao Pi seinen Bruder des Verbrechens, es während der Trauerzeit ihres Vaters bei den Ritualen an Sorgfalt fehlen gelassen zu haben. Dies verwendete er als Grund, um Cao Zhi zum Verhör festzusetzen. Der Mutter trieb es die Tränen in die Augen. Flehend sprach sie zu Cao Pi: „Höre auf dein Herz! Im Namen der Bruderliebe, lass Cao Zhi am Leben!" Ehrwürdigend kniete Cao Pi vor seiner Mutter nieder. Er bat sie, sich nicht zu sorgen. Auch er habe eine Vorliebe für Cao Zhis Kunst, er wolle ihm bloß ein bisschen die Leviten lesen.

6 Cao Pi rief seinen Bruder herein. Er tadelte ihn: „Zwar einen uns die Familienbande, doch stehen wir trotzdem im Verhältnis von Herrscher und Untertan. Wie kannst du dich mit deinen Fähigkeiten brüsten, während du das Ritual geringschätzt? Als Vater noch lebte, lobtest du andere oft in deinen Schriften. Ich habe den Verdacht, dass jemand Zweites an deiner Stelle für dich schreibt. Heute sollst du nur sieben Schritte tun. Während dieser sieben Schritte sollst du ein Gedicht vortragen, aus dem Stegreif. Gelingt es dir nicht, wird sich offenbaren, dass du von Beginn an ein falsches Spiel spieltest. In dem Fall werde ich keine Gnade walten lassen!" Doch Cao Zhi behielt die Fassung. Er sagte bloß: „Ein Thema, bitte sehr!" Cao Pi sah ihn an. Dann sagte er: „Zum Thema ‚Brüder' soll es sein, aber das Wort selbst, das ist tabu!" Cao Zhi nickte.

7 Er musste nicht lange überlegen, da setzte er schon zum ersten Schritt an. Für jeden weiteren Schritt, den er tat, dichtete er dann einen Satz:

„Will man Bohnensuppe garen, muss man erst die Bohnen sieden.
Um die Suppe zu erhalten, muss man noch die Bohnen sieben.
Drunter unterm Topfe lodernd, das Bohnenstroh peitscht lichterloh.
Innen siedend im Topf kugelnd, die Bohnen schluchzend gar nicht froh.
Stiel und Blatt sie einst gemeinsam, rank und schlank am selben Strang.

Warum muss das Bohn'stroh garstig, den Böhnchen machen Angst und Bang?"

8 Dieses Gedicht seines Bruders rief in Cao Pi sowohl Betrübtheit als auch Scham hervor. Da kam auch die Mutter tränenüberströmt aus den hinteren Gemächern hervor: „Cao Pi, du als älterer Bruder darfst zu deinem jüngeren Bruder nicht so hart sein!" Da erhob Cao Pi sich rasch von seinem Thron und legte ehrerbietend die Hände ineinander. Er sprach: „Nichts gibt es auf der Welt, für das ich kein Verständnis hätte. Selbstverständlich gilt dies auch für meinen Bruder. Wir sind Nachfahren derselben Blutlinie. Aufgrund dieser Bande sei ihm die Todesstrafe erlassen. Es wird genügen, ihn zum Herzog von Anxiang zu degradieren."

9 Nach Cao Zhis Versetzung nach Anxiang wurde er nicht nur auf Schritt und Tritt von der kaiserlichen Polizei überwacht, sondern wurde auf der Karriereleiter immer weiter nach unten gedrängt.

10 Doch auch erschwerte Bedingungen konnten Cao Zhis ehrgeizigen Ambitionen keinen Abbruch tun. Immer und immer wieder reichte er Memoranden an den Kaiser ein, durch die er hoffte, am Hofe einen Posten auf Probe zu erhalten. Doch nie wurde diesen Beachtung geschenkt.

11 Da Cao Zhis Wünsche und Träume wieder und wieder unterdrückt wurden, machte sich großer Frust in ihm breit. Deprimiert und freudlos tat er im Jahre 232 n. Chr. im Alter von gerade einmal 41 Jahren schließlich seinen letzten Seufzer.

Aufgaben

a) Lesen Sie den Text. Wer hat was gemacht? Vervollständigen Sie die Sätze mit den richtigen Namen.

0) ____Cao Cao____ war der Vater der Brüder.
1) ________________ hatte Vertrauen in Cao Zhi.
2) ________________ wurde zum Thronfolger gewählt.
3) ________________ wurde zum Herzog von Shanyang degradiert.
4) ________________ bezichtigte seinen Bruder des Verbrechens.
5) ________________ wird verhört.
6) ________________ vergleicht sich selbst mit einer Bohne.
7) ________________ findet, dass Cao Zhi großes Unrecht widerfährt.
8) ________________ starb am Ende voller Enttäuschung und Frust.

b) Suchen Sie sich eine kurze Textstelle heraus, die Ihnen gefällt (5-6 Zeilen). Markieren Sie die Wortakzente und schlagen Sie unbekannte Wörter nach. Üben Sie nun zu zweit das laute und betonte Lesen. Geben Sie sich gegenseitig Verbesserungsvorschläge.

c) Wählen Sie einen Repräsentanten, der seinen Textabschnitt dem Kurs präsentiert. Die anderen geben Feedback zu Satzintonation, Wortakzent und Aussprache.

d) Arbeiten Sie zu zweit. Vergleichen Sie Ihre Notizen aus Aufgabe 1d). Diskutieren Sie anschließend auch folgende Fragen.

– Welche Rolle spielt der Begriff der „Harmonie" in dieser Geschichte?
– Wie wichtig ist Harmonie in der Gesellschaft?
– Was würden Cao Zhi und Cao Pi jeweils zu den Konzepten „harmonische Gesellschaft" und „Freiheit" denken?

- Cao Pi scheint sich nicht für Harmonie zu interessieren.
- Die Mutter möchte Harmonie schaffen.
- ...

„Pfirsich und Pflaume hüllen sich in Schweigen, Bewund'rer darunter in Scharen sich verneigen"

1 Es war einmal, zur Zeit der Westlichen Han-Dynastie, ein berühmter General namens Li Guang. Stolze siebzig Mal hatte er seine Truppen in den Kampf gegen die Hunnen geführt und dabei herausragende Erfolge erzielt. Sowohl bei seinen Soldaten als auch bei dem einfachen Volk war er ein äußerst beliebter Mann.

2 Zwar genoss Li Guang als oberster General und Beschützer des Reiches hohes Ansehen, aber trotzdem zeigte er nie auch nur den leisesten Anflug von Hochmut. Li Guang zeichnete sich nämlich dadurch aus, dass er sich selbst nie auf eine höhere Stufe als seine Untergebenen stellte. Belohnte der Kaiser ihn zum Beispiel für seine herausragenden Kriegsverdienste, dachte er immer zuerst an seine Soldaten und Offiziere und teilte die Belohnung unter ihnen auf. Und kam es unterwegs mit seinem Heer zu Nahrungsengpässen, hungerte Li Guang stets Seite an Seite mit seinen Leuten. Auch im Kampf an der Front zeigte sich seine spezielle Eigenschaft, denn er schob grundsätzlich nicht seine Krieger voran, sondern stürzte sich selbst allen voran in das Gefecht. Kein Wunder, dass die Soldaten gewillt waren, alles zu geben und sich auch, ohne lange zu überlegen, opfern würden, denn für einen derart ehrenhaften General lohnte es sich wirklich zu kämpfen!

3 Als eines Tages plötzlich die Botschaft des Todes Li Guangs das Militärlager erreichte, konnte kein Soldat mehr an sich halten. Einem jeden flossen die Tränen zwischen Schluchzern und Schnäuzern in Strömen über die Wangen. Selbst Menschen aus dem einfachen Volk, die Li Guang bisher nicht weiter gekannt hatten, wurden von der Trauer über den Tod des heldenhaften Generals angesteckt. Li Guang blieb den Menschen für immer als ein beispielloser Held im Gedächtnis.

4 Später brachte der bekannte Geschichtsschreiber der Han-Dynastie, Sima Qian, die Biografie des Li Guang zu Papier. Zur Beschreibung des Wesens Li Guangs verwendete er eine spezielle Metapher: „Pfirsich und Pflaume hüllen sich in Schweigen, Bewund'rer darunter in Scharen sich verneigen." Damit beschreibt

er vor allem die Aufrichtigkeit und Bescheidenheit von Li Guang, denn genau wie die Pfirsich- und Pflaumenbäume schweigen, so prahlte Li Guang nie mit seinen Verdiensten. Und wie die duftenden Blüten und köstlichen Früchte der Obstbäume von den Menschen bewundert und geliebt werden, so verneigten sich die Menschen auch in Bewunderung vor General Li Guang.

5 Noch heute wird dieses Sprichwort verwendet, um auszudrücken, dass jemand mit tugendhaftem und noblem Charakter oder großartigem Erfolg sein eigenes Lob nicht singen muss. Ihm wird die Anerkennung der anderen von ganz allein zuteil.

Aufgaben

a) Arbeiten Sie zu zweit. Fragen und Antworten Sie wie im Beispiel.

① A: Wer war Li Guang?
B: Li Guang war ein General in der Westlichen Han-Dynastie.

② B: Was war das Besondere an der Art, wie Li Guang seine Truppen führte?
A: ...

1) Wer war Li Guang? (mind. 3 Sätze)
2) Was war das Besondere an der Art, wie Li Guang seine Truppen führte?
3) Warum würden sich die Soldaten für Li Guang opfern?
4) Wie reagierten die Soldaten auf die Todesbotschaft Li Guangs?
5) Wie reagierte das Volk auf seinen Tod?
6) Wofür stehen Pfirsich und Pflaume in Sima Qians Analogie?
7) Was haben die Obstbäume mit Li Guang gemeinsam?
8) Unter welchen Umständen wird das Sprichwort heute verwendet?

b) Was bedeuten die unterstrichenen Ausdrücke aus dem Text? Kreuzen Sie an.

1) Stolze siebzig Mal hatte er seine Truppen im Kampf gegen die Hunnen geführt und dabei herausragende Erfolge erzielt.
   - A siebzig Mal
   - B etwas mehr als siebzig Mal
   - C sehr oft
2) Li Guang zeichnete sich nämlich dadurch aus, dass...
   - A Li Guang erhielt eine Auszeichnung für ...
   - B Li Guang überreichte sich selbst eine Auszeichnung für ...
   - C Li Guang besaß eine herausragende Eigenschaft, nämlich dass ...
3) „... sich selbst nie auf eine höhere Stufe als seine Untergebenen stellte."
   - A ... sich selbst nie wichtiger als seine Untergebenen empfand.
   - B ... es vermied, von einem Podest o.ä. aus, mit seinen Untergebenen zu sprechen.
   - C ... sich selbst auch als Untergebenen sah.
4) „... konnte kein Soldat mehr an sich halten, ..."
   - A ... konnte kein Soldat sich mehr beherrschen, ...
   - B ... mussten alle Soldaten unvermittelt weinen, ...
   - C ... konnte kein Soldat die Botschaft länger geheim halten, ...
5) Noch heute wird dieses Sprichwort verwendet, um auszudrücken, dass jemand mit tugendhaftem und noblem Charakter oder großartigem Erfolg sein eigenes Lob nicht singen muss.
   - A nicht unbedingt nur aufgrund seines Gesangstalents beliebt ist
   - B es nicht nötig hat, sich selbst zu loben
   - C gern Pfirsiche und Pflaumen isst

c) Diskutieren Sie zu zweit.

- Kennen Sie eine Person, die „nicht ihr eigenes Lob singt"?
- Was zeichnet diese Person aus? Finden Sie diese Eigenschaft bewundernswert? Warum (nicht)?
- Wie beeinflusst diese Person Sie und andere?
- Welche Rolle spielt diese Eigenschaft in Ihrer Kultur?
- Inwiefern ist Li Guangs Verhalten harmoniefördernd? Inwiefern nicht?

d) Lesen Sie die folgenden Aussagen. Wem stimmen Sie zu? Wem nicht? Warum (nicht)? Diskutieren Sie in Gruppen.

„In meinem Beruf bin ich die Bewunderung anderer gewohnt. Am Anfang hat es mir noch sehr geschmeichelt, wenn ich ein Kompliment für mein Schauspiel bekommen habe, aber mittlerweile versuche ich, wenig über meinen Beruf zu sprechen, um Komplimente zu vermeiden. Durch sie fühle ich mich oft, als wäre ich etwas Besonderes, was ich gar nicht bin. Schauspielerin ist auch ein ganz normaler Beruf!"

Doreen Tuffour, 32

„Wenn jemand immer so tut, als gäbe es an ihm nichts Besonderes, dann werden viele diese Person langweilig finden. Ich verstecke meine Erfolge nicht, denn wie sollen andere sonst einschätzen können, was für ein Mensch ich bin?"

Hauke Muschelknautz, 48

„Mir ist es egal, was andere denken. Was wirklich in mir steckt und was ich geschafft habe, geht andere nichts an, nur mich!"

Mutlu Özden, 19

„Menschen, die um jeden Preis versuchen, sich in jeder Situation zurückzunehmen und immer die Aufmerksamkeit auf andere lenken, sind, meiner Meinung nach, nicht bescheiden, sondern haben ein Problem mit ihrem Selbstvertrauen. In Wirklichkeit würden sie gerne zeigen, was sie können, aber trauen sich nicht. Damit tun sie weder sich selbst noch anderen einen Gefallen."

Jana Sobolewski, 24

„Ich finde es langweilig, von mir zu sprechen. Lieber analysiere ich meine Mitmenschen, denn mich selbst kenne ich ja schon. Außerdem erzähle ich meinen Freunden lustige Geschichten, über die sie lachen können. Ist das nicht auch eine Art von Anerkennung?"

Buu-Mi Nguyen, 25

△ : *Ich denke, Buu-Mi ist zu selbstlos. Man muss auch etwas von sich erzählen, um seinen Charakter zu zeigen.*

☆: *Ich kann Buu-Mis Meinung nur zustimmen. Das Wichtigste ist es, Spaß mit Freunden zu haben.*

□ : *Genau. Das denke ich auch, denn zum Beispiel ...*

e) **Tragen Sie Ihre Ergebnisse in der Klasse zusammen. Diskutieren Sie abschließend:**

Unterscheiden sich deutsche und chinesische Sichtweisen zu diesem Thema oder ist es mehr eine individuelle Frage?

4 Die Karpfen durchspringen das Drachentor

1 Im alten China stand am Gelben Fluss an der Stelle des heutigen Ortes Hejin in der Provinz Shanxi das sogenannte „Drachentor". Mit steilen Felswänden zu beiden Seiten des Flusses erinnerte die Formation stark an ein großes Tor. Die wild hindurchpeitschenden und schäumend spritzenden Wellen boten einen wahrhaft spektakulären Anblick. Der Legende nach soll die Entstehung des Tors mit dem Großen Yu, der die größte Flutkatastrophe der chinesischen Antike unter Kontrolle brachte, in Zusammenhang stehen. Daher wird es auch von manchen das „Yu-Tor" genannt.

2 Schon Yus Vater hatte versucht, die Fluten in die Schranken zu weisen, jedoch war seine Herangehensweise grundsätzlich anders. Nämlich hatte er einen wertvollen Schatz aus der Welt der Unsterblichen gestohlen, die sogenannte „lebende Erde". Mit deren Hilfe konnte er hartes Erdreich erschaffen, welches er um die Wassermassen auftürmte. Doch natürlich stieg der Wasserspiegel durch die Stauung immer weiter, wodurch auch die umgebenden Erdwälle immer weiter erhöht werden mussten. Gleichzeitig stieg das Risiko eines Deichbruchs erheblich, was die daraus resultierende Überschwemmung nur umso verheerender machte. Der Große Yu hingegen wählte einen anderen Ansatz, er packte das Problem bei der Wurzel. Er versuchte vor allem, die Wassermassen durch gezieltes Umleiten zu verteilen, um größeren Anstauungen in einzelnen Flussabschnitten vorzubeugen. Durch die geschickte Nutzung der topografischen Gegebenheiten, gelang es dem Großen Yu, die Wassermassen in Richtung des Meeres zu leiten.

3 Natürlich klingt dies im Nachhinein leichter als es tatsächlich war, denn bei der Umleitung des Gelben Flusses in Richtung Süden stieß der Große Yu auf einen mächtigen Berg, der den Fluss auf voller Länge am Weiterfließen hinderte.

4 Für eine Umleitung war der Berg deutlich zu breit. Es würden unterdessen unzählige Dörfer und Felder überspült werden. Auch das Anheben des Flussbettes mithilfe der „lebenden Erde" hätte verheerende Folgen, denn zwar würde das Wasser somit über den Berg hinüberfließen können, doch wäre die Gefahr eines Deichbruches groß und die damit verbundenen Folgen schwer.

Die einzig sinnvolle Methode, die Yu sah, war es, einen Durchfluss durch die Felswand zu graben.

5 Sich durch einen Berg zu graben war wirklich kein einfaches Unterfangen. Unzählige Tage und Nächte des Schweißes und der Tränen etlicher Männer und Pferde waren nötig, um das Vorhaben zu verwirklichen. Erst nach Monaten der Anstrengung war das Werk vollbracht: Ein Tunnel von etwa 500 Metern Länge führte vom Fuße des Berges auf der einen Seite bis herüber zur anderen! Sogar einen Berg hatte der Große Yu in die Knie gezwungen! Nun konnte das Wasser des Gelben Flusses endlich ungehindert durch den Tunnel in Richtung Meer strömen.

6 Heute gilt das Tor als ein Zeugnis der Klugheit und Tüchtigkeit der Menschen, außerdem steht es für Glück und Erfolg. Aber das Tor zog mit seinem spektakulären Anblick und seiner heldenhaften Geschichte nicht nur Reisende aus allen Teilen des Landes in den Bann, nein, es kamen sogar Karpfen aus dem Meer flussaufwärts geschwommen! Denn so manch ein Karpfen wollte sich der Herausforderung stellen und den Tunnel durchschwimmen.

7 Aber so einfach war es doch nicht. Gelang es einem Karpfen, den entgegenströmenden Wellen zu trotzen, war es noch nicht getan. Dahinter warteten noch steifer Sturm und harter Regen auf die Fische, und hinter ihnen loderte das Himmelfeuer und versengte ihnen die Schwanzflosse. Doch die Strapazen sollten sich lohnen, denn denjenigen Karpfen, die sämtliche Herausforderungen gemeistert hatten, winkte eine Belohnung: Sie durften zu Drachen werden!

8 Da es im Drachentor steil bergauf ging und die Brandung erbarmungslos war, schafften es jedes Jahr nie mehr als zweiundsiebzig Karpfen, zu Drachen zu werden. Da sieht man schon, wie schwierig es war!

9 So kam dieser enge Felstunnel also zu seinen Namen. Das Drachentor markierte außerdem exakt die Grenze zwischen den Provinzen Shanxi und Shaanxi, mit dem „Drachentorberg" auf der einen und dem „Gelbdrachenberg" auf der anderen Seite. Laut der Legende kamen jedes Jahr zur Frühjahrszeit ganze Schwärme von goldgelben Karpfen den langen, beschwerlichen Weg flussaufwärts bis zum Tor geschwommen, um ihr Glück in den reißenden Fluten des Drachentors zu versuchen. Ein jedes Fischlein bangte und hoffte inständig,

am Ende das große Los zu ziehen.

10 Mit der Zeit verfestigte sich das Drachentor auch in der Alltagssprache. Über einen erfolgreichen Absolventen der offiziellen Beamtenprüfung sagte man, er habe „das Drachentor durchschwommen", und auch die Haupteingangstür so manch eines Prüfungssaals hieß im Allgemeinen „Drachentor". Nicht nur war dies äußerst symbolisch, auch gedachten die Menschen somit noch lange den Heldentaten des Großen Yu.

Aufgaben

a) Lesen Sie den Text und kreuzen Sie an: richtig(r), falsch(f), oder nicht genannt(x).

	r	f	x
0) Der Name „Yu-Tor" kommt von dem Schriftzeichen für „Fisch".	☐	☒	☐
1) Yus Vater scheiterte, weil er insgeheim ein eigenes Reich gründen wollte.	☐	☐	☐
2) Yu sah keine andere Möglichkeit, als einen Tunnel zu graben.	☐	☐	☐
3) Die Karpfen wurden von dem Drachentor in den Bann gezogen.	☐	☐	☐
4) Alle Fische, die es durch das Drachentor schafften, wurden zu Drachen.	☐	☐	☐
5) Die Karpfen wurden per Losverfahren ermittelt.	☐	☐	☐
6) Die Eingangstore der Prüfungssäle wurden später „Drachentor" genannt.	☐	☐	☐

b) Vervollständigen Sie die Sätze entsprechend des Inhaltes.

0) Mithilfe der lebenden Erde konnte der Vater des großen Yu Erde erschaffen.
1) Der Große Yu versuchte, das Problem zu lösen, indem er ________________ ____.
2) Die einzig sinnvolle Methode, die Wassermassen hinter den Berg zu leiten, war, ____.
3) ____________________ war ____________ Meter lang.
4) Das Drachentor zog viele ________________ und __________ an.

5) Indem sie das Drachentor durchschwammen, hofften die Karpfen, ____________________________.

6) Zu ____ sagte man später, dass sie „das Drachentor durchschwommen haben".

c) Sie stoßen auf zwei Leserbriefe in einem Internetforum. Wählen Sie einen der beiden Beiträge und notieren Sie sich, welchen Punkten Sie zustimmen und welchen nicht.

Zebralinchen1999

Betreff: Eine gerechte Gesellschaft – Fragezeichen?

Gerade habe ich die Geschichte „Die Karpfen springen durch das Drachentor" gelesen und jetzt denke ich mir: Wie ungerecht ist das denn?!

Warum ich das ungerecht finde? Alle Karpfen bringen unterschiedliche Voraussetzungen mit: Manche sind von Natur aus kräftiger und ausdauernder, manche hingegen sind eher schwächer. Somit ist doch klar, dass besonders die starken Karpfen erfolgreich durch das Drachentor schwimmen werden.

In der Gesellschaft der Karpfen existiert bereits Ungerechtigkeit. Durch das Drachentor wird die Ungerechtigkeit noch größer und die Drachen herrschen über die Karpfen.

Ungerechtigkeit ist nicht gut für die Harmonie in der Gesellschaft.

Wäre es nicht viel gerechter und harmonischer, wenn die jedes Jahr durch Zufallsprinzip 72 Karpfen zu Drachen würden?

Storckel85

Betreff: Was wir von Karpfen lernen können!

Es gibt eine chinesische Geschichte über ein sogenanntes Drachentor. Jedes Jahr versuchen etliche Karpfen, es zu durchschwimmen und zu einem Drachen zu werden. Aber nur die Stärksten unter ihnen haben Erfolg und schaffen es. Ich finde diese Geschichte sehr inspirierend. Sie motiviert mich, hart an mir zu arbeiten, um später selbst zu einem Drachen zu werden. Wir alle sollten, so wie die Karpfen, ein großes Ziel haben, das uns antreibt. Auch wenn es nicht alle schaffen, zu einem Drachen zu werden, werden wir am Ende trotzdem besser sein als am Anfang. Deswegen ist das Drachentor ein Segen für die Karpfen. Allein seine Existenz sorgt bereits dafür, dass alle Karpfen an sich arbeiten und besser werden.

d) Verfassen Sie einen Kommentar zu dieser Geschichte (mind. 200 Wörter). Berufen Sie sich auf die im Kurs erarbeiteten Inhalte zum Thema „Harmonie" und „Freiheit" sowie auf den Forenbeitrag.

Folgende Fragen könnten Ihnen dabei helfen:

- Welchen Nutzen hat es für die Gesellschaft, wenn jeder sein Potenzial ausschöpfen und frei entscheiden kann?
- Welche Rollen spielen „die Drachen" in einer Gesellschaft?
- Können sie die Gesellschaft verbessern oder harmonischer machen? Oder bringen sie die Gesellschaft aus dem Gleichgewicht?
- Wie wichtig sind gleiche Chancen für eine harmonische Gesellschaft?

Vokabelliste

Text 1

beflissen	sehr fleißig; bemüht
bei der Sache bleiben	auf die aktuelle Tätigkeit konzentriert bleiben
das Trara (nur Sg.)	großer Lärm; großes Aufsehen
die Sänfte, -n	eine Art tragbarer Stuhl für wohlhabende Menschen aus dem alten China
jauchzen	vor Freude und Begeisterung rufen und schreien
sich an etw./jmdm. ergötzen	etw. sehr genießen
das rege Treiben	betriebsames Durcheinanderlaufen vieler Menschen
der Kumpane, -n	der Freund; der Begleiter
mit etw. umgehen	(mit etw. Belastendem in einer bestimmten Weise) zurechtkommen/fertigwerden
der Impuls, -e	(spontaner) Anstoß; Anregung

Text 2

einkehren	sich bemerkbar machen; sich etablieren
jmdm. zuteilwerden	etw. vorteilhafterweise erhalten
hegen	im Sinn haben
in einem Rutsch	auf einmal; ohne Pause von Anfang bis Ende
auf die Probe stellen	einer Prüfung unterziehen; testen
unfehlbar	wahrhaftig; ohne Zweifel
zeitweilig	für einen bestimmten Zeitraum; vorübergehend

die Krönung, -en	Zeremonie, bei der einem neuen Herrscher die Krone aufgesetzt wird
in die Wege leiten	veranlassen; einleiten; den Anstoß zum Beginn geben
der Argwohn (nur Sg.)	Misstrauen; Verdacht; schlimme Vermutung
etw./jmdm. zum Opfer fallen	durch etw./jmdn. Schaden erleiden
die Intrige, -n	ein böser, trügerischer Plan
erliegen	an etw. sterben; durch etw./jmdn. besiegt werden oder sterben
jmdn. etw. bezichtigen	jmdn. beschuldigen, etw. getan zu haben
das Verhör, -e	eine Befragung, bei der nach den Hintergründen und dem Prozess eines Verbrechens gefragt wird
jmdm. die Leviten lesen	jmdn. tadeln; jmdn. stark kritisieren; jmdn. ermahnen
sich mit etw. brüsten	mit etw. prahlen; mit etw. angeben
geringschätzen	etw./jmdn. mit wenig Respekt betrachten; etw./jmdn. abwertend betrachten
aus dem Stegreif	ohne vorher geübt zu haben
Gnade walten lassen	gnädig sein; Nachsicht zeigen; auf eine schwere Strafe verzichten
die Fassung behalten	sich nicht verunsichern lassen; konzentriert bleiben
tabu	nicht erlaubt
sieden	in über 100°C heißem Wasser kochen
sieben	durch ein Sieb gießen und somit vom Wasser trennen

lodern	wild brennen
lichterloh	hell und heiß brennend
schluchzen	krampfhaft und stoßweise weinen
garstig	sich äußerst unhöflich verhaltend
bang(e)	ängstlich
die Betrübtheit (nur Sg.)	die Traurigkeit
etw. keinen Abbruch tun	etw. nicht schaden; etw. nicht einschränken
die Memoranden (Pl.)	formelles Schriftdokument an den Kaiser
unterdrücken	einschränken; stark behindern; zurückhalten

Text 3

der Hochmut (nur Sg.)	großer Stolz und gleichzeitige Verachtung anderer
das Ansehen (nur Sg.)	hohe Meinung, Wertschätzung, Hochachtung
die Hunnen (Pl.)	ein antikes Volk, das nördlich und westlich des alten China lebte
der Engpass, ¨-e	die Knappheit
brenzlig	gefährlich
das Gefecht, -e	der Kampf; die Schlacht
sich schnäuzen	sich geräuschvoll die Nase putzen
die Metapher, -n	ein bildlicher Vergleich
das Wesen, -	der Charakter; die Art; die Natur (eines Menschen)
die Bescheidenheit (nur Sg.)	eine Eigenschaft, die beschreibt, dass jmd. sich nicht großtut und keine hohen Ansprüche ausdrückt
prahlen	angeben
nobel	vornehm; in bewundernswerter Weise edel

Text 4

der Karpfen, -	eine kostbare Fischart, die besonders in Asien gezüchtet wird
peitschen	wie mit einer Peitsche schlagen; schneidend schlagen
schäumen	weißen Schaum erzeugend
die Herangehensweise, -n	Methode, eine Aufgabe zu bewältigen/lösen
das Erdreich, -e	Erde; Humus
auftürmen	zu einem hohen Turm stapeln/aufschichten
die Stauung, -en	Verhinderung des Weiterfließens einer Flüssigkeit und die daraus resultierende Ansammlung
der Deich, -e	Erdwall in der Nähe des Ufers, der Überflutung verhindert
verheerend	katastrophal; furchtbar; schwerwiegende Folgen bedeutend
vorbeugen	im Voraus Maßnahmen einleiten, um etw. zu verhindern
das Flussbett, -en	der Grund des Flusses
überspülen	überschwemmen; überfluten
das Unterfangen, -	gewagtes, schwieriges Vorhaben
versengen	oberflächlich anbrennen
die Brandung, -en	brechende Wellen
erbarmungslos	ohne Mitgefühl

Projektaufgabe 3

Die Aufgabe:

Entwerfen Sie in Gruppen von 4-5 Leuten ein Rollenspiel. Den Ort, die Zeit sowie den genauen Inhalt bestimmen Sie selbst. Im Rollenspiel muss mindestens eine Person einen Charakter aus den Geschichten in Lektion 5-6 verkörpern.

Das Rollenspiel dreht sich um die Frage:

„Inwiefern hat das Individuum mit seinem Handeln einen Einfluss auf die Gesellschaft?" Machen Sie Ihren Standpunkt zu dem Thema im Rollenspiel deutlich.

Das Rollenspiel sollte 5-10 Minuten füllen und in der Klasse vorgeführt werden.

Ort, Zeit und Inhalt müssen nicht mit den Gegebenheiten in den Geschichten übereinstimmen, sondern können fiktiv sein. Sie können sowohl Dialoge als auch innere Monologe verwenden. Auch, ob Sie Requisiten verwenden, bleibt Ihnen offen. Lassen Sie Ihrer Fantasie freien Lauf!

Die Aufführung:

Sie präsentieren Ihr Rollenspiel in der Klasse.

Die anderen sehen zu und überlegen:

- Wo spielt das Stück?
- Wann spielt das Stück?
- Welche Rollen kommen vor?
- Wie wurde die Leitfrage beantwortet?
- Haben Sie Verständnisfragen?
- Geben Sie Rückmeldungen. Was hat Ihnen gefallen? Was (nicht)?

07

Dank, Glück und Segenswünsche – traditionelle Feiertage

1 Die Geschichte des Drachenbootfestes

1 Qu Yuan war ein großer Poet, Denker und Staatsmann. Er lebte zur Zeit der Streitenden Reiche, welche von den Kriegen der sieben untereinander um Vormacht kämpfenden Staaten (Qi, Chu, Yan, Zhao, Han, Wei und Qin) geprägt war. Qu Yuan liebte sein Heimatland Chu und war dort als Berater angestellt. Darüber hinaus war er zuständig für den königlichen Ahnentempel, Opfergaben und die Erziehung der Kinder der drei adligen Familien Qu, Jing und Zhao.

2 Aufgrund seines Talents und seiner Weisheit vertraute König Huai von Chu ihm für eine Zeit lang sehr. Jedoch war König Huai von Chu von einigen unfähigen Leuten mit niederträchtigem Charakter umgeben, die auf Qu Yuan eifersüchtig waren und Groll gegen ihn hegten. Eines Tages versprach ihnen der Botschafter Zhang Yi aus dem Staat Qin eine Belohnung, damit sie Qu Yuan in Ungnade brachten. Sie belogen den König und erzählten ihm, dass Qu Yuan heimlich eine Rebellion planen würde. König Huai schenkte diesen falschen Vorwürfen Glauben, woraufhin sich seine Beziehung mit Qu Yuan verschlechterte und er seine guten Regierungsweisen nach und nach aufgab. Schließlich fiel er auf eine List von Zhang Yi herein und verstarb nicht viel später im Reiche Qin.

3 König Qingxiang von Chu übernahm anschließend den Platz seines verstorbenen Vaters. Wenn dieser jedoch nicht den ganzen Tag Alkohol trank, dann vergnügte er sich anderweitig. Die Nöte seiner Bevölkerung interessierten ihn dabei herzlich wenig. Auch Berichte über in das Reich einfallende Feinde konnten ihn nicht von seinem Spaßtreiben abbringen. Es erübrigt sich zu sagen, dass das Reich Chu mit jedem Tag unter seiner Herrschaft immer weiter zerfiel.

4 Qu Yuan sprach mehrmals zum König, um ihm anzuraten, mehr Sorge um sein Land und sein Volk zu zeigen und das Ansehen des Reiches wiederherzustellen. König Qingxiang schenkte seinen Worten jedoch nicht nur kein Gehör, sondern verbannte Qu Yuan daraufhin zu einem weit entfernten Ort am Ufer des Miluo-Flusses.

5 Während seiner langen Zeit in der Verbannung musste Qu Yuan hilflos mit ansehen, wie sein geliebtes Land zerfiel. Die Bevölkerung litt Not, verlor ihre Heimat und wanderte ziellos durch die Lande. Qu Yuans Kummer war endlos.

Aus Liebe und Hass zugleich schrieb er das berühmte Gedicht *Trennungsschmerz.*

6 Im einundzwanzigsten Regierungsjahr von König Qingxiang wurde von dem großen General Bai Qi aus dem Reiche Qin eine Bresche in die Stadtmauern der Hauptstadt Ying geschlagen. Zu dieser Zeit war Qu Yuan bereits 62 Jahre alt und spürte, dass er nicht mehr die Kräfte besaß, den Staat Chu vor dem Untergang zu erretten. Dazu war er ebenfalls nicht gewillt, als Einwohner eines eroberten Staates zu leben. Somit, bei Tagesanbruch des fünften Tages des fünften Monats des Mondkalenders, versenkte er sich mit einem großen Stein in den Armen im Miluo-Fluss.

7 Die Anwohner waren tiefbetrübt und ruderten mit ihren Booten an die Stelle, an der er sich ertränkt hatte, um seinen Leichnam aus dem Wasser zu holen. Aber wie sehr sie sich auch bemühten, sie konnten ihn nicht finden.

8 Sie befürchteten, dass Fische und Drachen seinem hinterbliebenen Körper Schaden zufügen könnten. Also wickelten sie Reis in die Blätter des Schilfes und warfen sie zusammen mit Eiern in den Fluss. Ein alter Arzt nahm einen Krug gelben Schnaps, der mit Rubinschwefel versetzt war, und kippte ihn in den Fluss, um Qu Yuans Leichnam zu schützen. Er sagte, dass dieser den Flussdrachen und Wassermonstern schwindelig werden ließe.

9 Um die Flussdrachen und Wassermonster von Qu Yuans Körper fernzuhalten, schmückten die Leute Boote, sodass sie aussahen wie Drachen, ruderten damit auf dem Fluss auf und ab und stießen dabei laute Rufe aus.

10 Plötzlich tauchte aus dem Wasser ein von dem Wein benebelter Wasserdrache auf. In einem seiner Barthaare hing noch ein Stück Kleidung. Die Leute waren sehr überrascht und erbost. Dieses Biest hatte bestimmt Qu Yuans Körper verletzt!

11 Sie fingen den Drachen ein, häuteten ihn, zogen seine Sehnen heraus und banden sie um die Handgelenke der Kinder. Den Wein des Arztes strichen sie auf ihre Stirn, um sie vor Monstern und Dämonen zu schützen.

12 Von da an nannten sie den fünften Tag des fünften Monats des Mondkalenders das Drachenbootfest. An diesem Tag gedenken die Menschen Qu Yuan und zeigen ihren Respekt. Jedes Jahr essen alle Familien an diesem Tag in Schilfblätter eingewickelten Reis und trinken den traditionellen, mit

Rubinschwefel versetzen, gelben Wein. Auf den Flüssen veranstalten die Leute Drachenbootrennen.

13 Dieser Brauch wurde seitdem durch die Jahrhunderte bis heute weitergegeben. Sogar bis nach Korea, Japan, Vietnam und Malaysia fand er seinen Weg.

Aufgaben

a) Lesen Sie den Text. Ordnen Sie die Aussagen mithilfe des Textes chronologisch.

1) Der Drache zeigt sich ☐
2) Der Selbstmord ☐
3) König Huai von Chu stirbt ☐
4) Qu Yuan wählt den Tod ☐
5) Vergebliche Bergungsversuche ☐
6) Die Drachenrache ☐
7) Qu Yuan liebt seine Heimat ☐
8) Falschinformation und Hetze ☐

b) Kreuzen Sie die richtigen Aussagen an.

0) Qu Yuan lebte zur Zeit der Streitenden Reiche. ☒
1) Qu Yuan war eifersüchtig auf einige andere Untertanen. ☐
2) Zhang Yi wollte Qu Yuan töten lassen. ☐
3) Qu Yuan belastete, dass es seinem Land schlechtging. ☐
4) Qu Yuan ertränkte sich im Miluo-Fluss. ☐
5) Die Menschen konnten seine Leiche nicht finden. ☐
6) Der Drache hatte Qu Yuan gefressen. ☐
7) Kindern band man die Sehnen des Drachen an die Handgelenke. ☐
8) Heute sind die Bräuche des Drachenbootfestes auf der ganzen Welt bekannt. ☐

c) Fassen Sie den Text kurz zusammen (max. 100 Wörter). Die Hilfestellung und Redemittel auf S. 64-65 können Ihnen helfen.

d) **Notieren Sie Stichpunkte zu den folgenden Fragen:**

- Warum hat Qu Yuan sich umgebracht?
- Finden Sie Qu Yuans Freitod gerechtfertigt?
- Was würden Sie Qu Yuan gern sagen?
- Feiern Sie jährlich das Drachenbootfest? Welche Bräuche kennen/praktizieren Sie?
- Wie wichtig ist dieser Feiertag für Sie und für die chinesische Kultur?

e) **Wählen Sie nachfolgend einen Text (Text 2 oder Text 3) und lesen Sie ihn in Vorbereitung auf den Unterricht. Im Unterricht werden Sie nur den von Ihnen ausgewählten Text behandeln.**

2 Die Geschichte des Chongyang-Festes

a) Was wissen Sie über die Entstehungsgeschichte des Chongyang-Festes? Notieren Sie Ihr Vorwissen. Tauschen Sie sich anschließend mit Ihrer Partnerin oder Ihrem Partner aus.

b) Überfliegen Sie den Text und markieren Sie in jedem Absatz 2-3 Schlüsselwörter.

1 Es war einmal ein Mann namens Huan Jing, der lebte mit seinen Eltern, seiner Ehefrau und seinen Kindern in der Provinz Henan, genauer gesagt im Ort Runan am Ufer des Flusses Ru. Mit einem knappen Hektar Land, den sie eifrig bewirtschaften mussten, ging es der Familie zwar nicht überdurchschnittlich gut, aber sie kamen jedenfalls über die Runden. Leider blieb es nicht für immer so, denn großes Unglück brach schon bald über sie herein. An den Ufern des Ru ging eine schreckliche Seuche um, die kaum einen Haushalt aussparte. Wer Glück hatte, war bloß für lang ans Bett gebunden, wer Pech hatte, um den war es schlimm bestellt. Überall gab es Tote zu beklagen, doch wagte keiner, die Leichen zu begraben, sodass sich die Körper nur so türmten. Auch Huan Jings Eltern unterlagen in jenem Jahr der Seuche.

2 Huan Jing erinnerte sich an die Worte eines Erwachsenen, die er als Kind einst aufgeschnappt hatte. Es hieß, im Ru lebe ein Pestdämon, der jedes Jahr einmal heraussteige, um Krankheit zu verbreiten. Wohin er gehe, dorthin begleiten ihn auch Siechtum und Tod. Daher fasste Huan Jing einen Entschluss: Er wollte sich in der Welt der Unsterblichen umhören, in der Hoffnung, dort mehr über daoistische Bannzauber zu erfahren, die ihm helfen würden, dem elenden Pestdämon den Garaus machen und die armen Menschen von ihrem Leiden zu erlösen. In der Nachbarschaft erzählte man ihm, auf dem Berg südöstlich des Ortes lebe ein Unsterblicher namens Fei Zhangfang. Wohlgemut packte Huan Jing daher seine Siebensachen, um jenem Unsterblichen seine Aufwartung zu

machen.

3 Huan Jings Reise ins Ungewisse führte ihn quer durch zackige Spitzen und schwindelerregende Gipfel. Doch auch wenn ihm der genaue Weg nicht bekannt war, dachte er nicht daran, von seinem Vorhaben abzulassen. Kein Berg war zu hoch, kein Bach zu nass, keine Strapazen zu schwer. So ging es viele Tage ohne Ziel, immer weiter, bis Huan Jing plötzlich eine Taube entdeckte. Die Taube war schneeweiß und sie nickte ihm zu. Huan Jing verstand zwar nicht, was sie wollte, trotzdem nickte er aber höflich zurück. Da erhob sich die Taube und flog einige Meter voraus. Dann landete sie wieder und nickte erneut mit dem Kopf. Als Huan Jing der weißen Taube nun folgte und sie wieder einige Meter weiter flatterte, verstand er: Die schneeweiße Taube wies ihm den Weg zu Fei Zhangfang! Auf der weiteren Strecke passierten sie noch einige Berge, bis sich plötzlich vor dem Recken ein Anblick offenbarte, wie es ihn nur in Zusammenhang mit Unsterblichen geben konnte. Zwischen sattgrünen Kiefern und Zypressen verborgen thronte ein antik anmutender Tempel, über dessen Tür die goldenen Buchstaben „Wohnstatt des Unsterblichen Fei Zhangfang" standen.

4 Die Taube schwang sich aufgeregt gurrend in die Lüfte und flatterte in wilden Kreisen über dem Innenhof des Tempels. Huan Jing trat nun vor die pechschwarze schwere Tempeltür, doch musste er feststellen, dass sie verriegelt war. Daher kniete er vor der großen Tür nieder und verharrte dort in Unbeweglichkeit. Ein Tag verging, zwei Tage vergingen. Insgesamt hatte er zwei Tage und zwei Nächte vor der Tür ausgeharrt, bis sie am dritten Tag dann doch aufging. Ein alter Mann mit schlohweißem Haar und schelmischer Freude in den Augen trat heraus. Er sprach: „Der werte Schüler setzt sich mit ganzem Herzen für das Wohl seiner Mitmenschen ein, das weiß ich. Drum folgt mir geschwind in den Hof!" Huan Jing wusste sofort, dass dieser Mann jener Unsterbliche Fei Zhangfang sein musste. Rasch verbeugte er sich einige Male und anschließend folgte er ihm in den Innenhof.

5 Im Folgenden verging die Zeit wie im Fluge. Fei Zhangfang hatte Huan Jing ein besonderes Schwert anvertraut, mit dem sich speziell böse Geister und Dämonen in die Knie zwingen ließen. Huan Jing legte jenes sogenannte „Schwert des grünen Drachen" seitdem nicht mehr aus der Hand, denn nun

übte er, Tag für Tag, Nacht für Nacht, den Schwertkampf. Nur für eine verkürzte Nachtruhe pausierte er den Drill, nur um am nächsten Morgen unverzüglich wieder anzusetzen, wo er geendet hatte. So ging es lange Zeit, bis der Unsterbliche Fei Zhangfang eines Tages an Huan Jing herantrat und ihm erklärte: „Am neunten Tag des neunten Monats wird auch in diesem Jahr wieder der Pestdämon aus dem Ru steigen. Daher ist es für Euch nun an der Zeit, in Eure Heimat zurückzukehren, um die Menschen zu beschützen. Damit Ihr alle in Sicherheit bringen könnt, gebe ich Euch diesen Beutel Kornelkirschblätter sowie diese Flasche Chrysanthemenwein. Sorgt dafür, dass ein jeder eingedeckt ist. Außerdem müsst Ihr alle auf eine Anhöhe führen, sodass sie in der Höhe vor dem Unheil sicher sind!" Nachdem er diese Anweisung erteilt hatte, weckte der Unsterbliche Fei Zhangfang seinen unsterblichen Kranich, der bisweilen auf einer alten Zypresse geruht hatte. Huan Jing schwang sich auf den gefiederten Rücken und flog geradewegs zurück in Richtung Runan. Zurück in der Heimat trommelte er das gesamte Dorf zusammen, um eilig einen jeden von den Worten des Unsterblichen zu unterrichten.

6 Als schließlich der Tag der Wahrheit gekommen war, tat er wie ihm geheißen und führte Familie und Freunde auf die Spitze eines nahegelegenen Berges. Oben angekommen sorgte er dafür, dass ein jeder mit einem Blatt der Kornelkirsche bestückt war und einen ordentlichen Schluck Chrysanthemenwein zu trinken bekommen hatte. Hoffentlich ließen sich Dämon und Krankheit so effektiv von seinen Liebsten fernhalten, denn er selbst musste nun wieder allein hinunter ins Dorf, um sich mit seinem Schwert des grünen Drachen dem Ungetüm zu stellen.

7 Es dauerte nicht allzu lange, da ließ sich aus der Richtung des Flusses ein markerschütterndes Brüllen vernehmen. Der Pestdämon war aus dem Fluss Ru gestiegen und bäumte sich nun zwischen giftigen Windwirbeln auf. Außer Rand und Band flitzte er von einem Haus zum nächsten, auf der Suche nach potenziellen Opfern, aber wo er auch nachsah, von den Menschen war keine Spur. Als er schließlich doch die Menschen auf der Spitze des Berges entdeckte, die dort oben in bester Feierstimmung waren, flitzte er an den Fuß des Berges. Doch ging es für den verdutzten Pestdämon keinen Schritt weiter, denn nun stach ihm der Geruch des Chrysanthemenweines in die Nüstern und der

Geruch der Kornelkirsche schnürte ihm die Kehle zu. Der Berg war für ihn folglich keine Option mehr. Daher machte der Pestdämon kehrt und suchte noch einmal im Dorf, wo er schließlich unseren Helden Huan Jing allein und seelenruhig in einem Haus sitzend vorfand. Als der Dämon Huan Jing sah, stürmte er auf ihn ein, doch hätte er nicht gedacht, dass sein Gegner derart flink reagieren würde. Nach kürzester Zeit musste der Pestdämon einsehen, dass er chancenlos war und nahm Reißaus. Doch Huan Jing ließ ihn nicht entkommen. Er holte weit aus und katapultierte das Schwert des grünen Drachen wie einen Speer hinter dem Pestdämon her. Da das Schwert speziell zum Austreiben böser Dämonen geschmiedet worden war, erwies sich der Wurf als äußerst effektiv. Ein Stoß direkt ins Herz und der Pestdämon war tot.

8 Von jenem Tag an wurden die Menschen, die an den Ufern des Flusses Ru lebten, niemals wieder von Seuchen durch den Pestdämon geplagt. Außerdem behielt sich das Besteigen eines Berges zur Flucht vor Unheil am neunten Tag des neunten Monats jedes Jahres bei. Die Menschen praktizieren diesen Brauch bis heute.

Aufgaben

c) Vergleichen Sie zu zweit Ihre Schlüsselwörter.

In Absatz 1 habe ich „Huan Jing", „des Flusses Ru" und „schreckliche Seuche" markiert. Und du?

Ich habe nur „Seuche" und „Huan Jing" markiert. Warum findest du den Namen des Flusses wichtig?

d) Was bedeuten die unterstrichenen Ausdrücke aus dem Text? Kreuzen Sie an. Arbeiten Sie zu zweit.

1) Wohlgemut packte Huan Jing daher seine Siebensachen, um jenem Unsterblichen seine Aufwartung zu machen.

A auf dem Berg auf den Unsterblichen zu warten

B jenen Unsterblichen um Hilfe zu bitten

C jenen Unsterblichen mit Ehrerbietung zu besuchen

2) Kein Berg war zu hoch, kein Bach zu nass, keine Strapazen zu schwer.

A Hohe Berge, nasse Bäche und sonstige Strapazen konnte Huan Jing bewältigen.

B Zum Glück waren die Berge nicht hoch, die Bäche nicht nass und die Reise allgemein nicht strapaziös.

C Tatsächlich waren die Berge nicht hoch, die Bäche nicht nass und die Reise allgemein nicht strapaziös.

3) Fei Zhangfang hatte Huan Jing ein besonderes Schwert anvertraut, mit dem sich speziell böse Geister und Dämonen in die Knie zwingen ließen.

A mit dem man böse Geister und Dämonen sehr leicht besiegen konnte

B mit dem man ausschließlich Geister und Dämonen bekämpfen konnte

C das einem die Fähigkeit verlieh, böse Geister und Dämonen zur Aufgabe zu bringen

4) Daher ist es für Euch nun an der Zeit, in Eure Heimat zurückzukehren, um die Menschen zu beschützen.

A Ich habe keine Zeit mehr, um mich um Euch zu kümmern, daher bitte ich Euch

B Um nicht zu spät zu kommen, rate ich Euch jetzt

C Daher ist jetzt die richtige Zeit für Euch

5) ..., denn er selbst musste nun wieder allein hinunter ins Dorf, um sich mit seinem Schwert des grünen Drachen dem Ungetüm zu stellen.

A um sich mit seinem Schwert des grünen Drachen in den Kampf gegen das Ungetüm zu begeben

B um sich mit deinem Schwert des grünen Drachen vor das Ungetüm zu stellen

C um dem Ungetüm sein Schwert des grünen Drachen vorzustellen

e) Was war neu für Sie? Formulieren Sie Fragen zu den Informationen zur Entstehung des Chongyang-Festes, die neu für Sie waren. Schreiben Sie Ihre Fragen jeweils auf Kärtchen.

Aus welchem Dorf kommt Huan Jing?

Warum möchte Huan Jing mit einem Unsterblichen sprechen?

Welche Objekte helfen den Menschen gegen den Pestdämon?

Wann spielt diese Geschichte? Und wo?

f) Bilden Sie Gruppen. Sammeln Sie die Fragekärtchen aller Gruppenmitglieder und tauschen Sie diese mit einer anderen Gruppe. Diskutieren Sie gemeinsam die Fragen der anderen Gruppe und beantworten Sie diese schriftlich auf den Kärtchen.

Warum möchte Huan Jing mit einem Unsterblichen sprechen?
Er sucht nach Wegen, den Pestdämon zu bekämpfen.

Welche Objekte helfen den Menschen gegen den Pestdämon?
Chrysanthemenwein, …

g) Tauschen Sie Ihre Kärtchen nun mit einer dritten Gruppe. Überprüfen Sie, ob die Antworten stimmen.

Ich denke, das stimmt.

Ich denke, das stimmt nicht, weil …

h) Diskutieren Sie in Ihren Gruppen:

- Finden Sie Huan Jings Tat heldenhaft?
- Welchen Charakter aus der Geschichte finden Sie am interessantesten? Warum?
- Welche traditionellen Bräuche des Chongyang-Festes praktizieren Sie?
- Wie wichtig ist Ihnen das Chongyang-Fest? Welchen Stellenwert hat das Fest in der chinesischen Kultur?

3 Die Geschichte der Bräuche zum Neujahrsfest

a) Was wissen Sie über die Entstehungsgeschichte der Bräuche am Neujahrsfest? Notieren Sie Ihr Vorwissen.

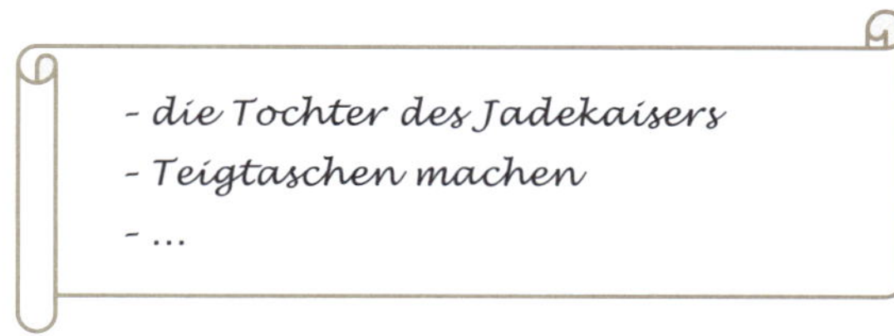

b) Überfliegen Sie den Text und markieren Sie in jedem Absatz 2-3 Schlüsselwörter.

1 In China ist es in vielen Haushalten seit jeher Brauch, sich in den letzten sieben Tagen des ausgehenden Jahres den unterschiedlichsten Tätigkeiten zu widmen, wie zum Beispiel dem Hausputz und dem Backen von Pfannkuchen oder der Neujahrswacht bis zum nächsten Morgen. Doch wie sind diese Bräuche entstanden? Die Legende erklärt es.

2 In der Antike gab es den großen Jadekaiser. Seine Tochter, ein sittsames und gutherziges junges Mädchen, hatte großes Mitleid mit den armen Menschen. Irgendwann verliebte sie sich in einen jungen Mann aus der Menschenwelt, dessen Beruf war, die Feuerstellen anderer zu betreuen. Der Jadekaiser durfte es eigentlich nicht wissen, aber als er es doch erfuhr, wurde er sehr wütend. Er wurde so wütend, dass er seine Tochter hinabverbannte in die Welt der Sterblichen. Sollte sie doch sehen, wie es sich mit so einem armen Burschen zusammen lebte. Doch hatte die Kaisertochter auch noch eine Mutter, welche ihr Kind sehr liebte. Dank ihrer schlichtenden Worte ließ sich der Jadekaiser überreden, den armen Jungen zum „König des Herdes" zu machen. Die Frischgetrauten waren bei den Menschen schon bald bekannt als der „alte liebe Herdonkel" und „die alte liebe Herdtante".

3 Die alte liebe Herdtante kannte das Leid des einfachen Volkes nur zu gut. Oft schob sie einen Familienbesuch als Grund vor, um sich ins Himmelreich zu

begeben und sich dort mit reichlich Köstlichkeiten einzudecken, welche sie dann auf der Erde an die Menschen verteilte. Da der Jadekaiser an sich schon nicht gut auf die Tochter und den ärmlichen Schwiegersohn zu sprechen war, war es nur logisch, dass ihm der Kragen platzte, als er von den Machenschaften der Tochter Wind bekam. Fortan erlaubte er ihr nur noch einmal im Jahr in den Himmel hinaufzukommen.

4 Im Folgejahr, kurz vor dem Neujahrsfest, stand die alte liebe Herdtante einem Volk gegenüber, dem es praktisch an allem fehlte. In manchen Haushalten gab es sogar nicht einmal mehr etwas zu essen. Der Anblick ließ ihr das Herz bluten. Daher entschied sie, am dreiundzwanzigsten Tag des letzten Monats des Mondkalenders in den Himmel zu reisen, um Lebensmittel für die Menschen zu ergattern. Doch selbst sie hatte zu Hause kein Mehl, nicht einmal einen Rest. Aber wie sollte sie die lange Strecke ohne Proviant zurücklegen? Als die Menschen von der Sache erfuhren, buken sie aus ihren letzten Resten einige Pfannkuchen und gaben sie der alten lieben Herdtante mit.

5 Im Himmel berichtete die alte liebe Herdtante dem Vater vom Leid der Menschen. Doch der Jadekaiser hörte ihr nicht nur nicht zu, stattdessen beschwerte er sich noch, dass der Tochter ja die Armut am ganzen Körper klebte und hieß sie, noch am selben Tag wieder abzureisen. Die Herdtante war so wütend, am liebsten wäre sie auf der Stelle wieder gegangen. Doch besann sie sich rasch, denn sie konnte ihrem Dorf ja schlecht mit leeren Händen gegenübertreten. Außerdem konnte sie dem Vater sein Verhalten nicht einfach durchgehen lassen. Als sich wieder die Mutter einmischte, um den Streit etwas zu schlichten, nutzte die Herdtante die Gelegenheit und verkündete: „In Ordnung, ich werde doch noch nicht gehen! Morgen binde ich einen Besen, um mir zunächst den Schmutz der Armut vom Leib zu bürsten."

6 Am Vierundzwanzigsten – die alte liebe Herdtante band gerade den Besen – kam der Jadekaiser herein und drängte die Tochter zum Aufbruch. Doch die Herdtante sagte: „Was drängt Ihr mich denn? Das Neujahrsfest steht vor der Tür, aber es ist ja gar kein Tofu im Haus! Morgen werde ich zunächst Tofu zubereiten!"

7 Am Fünfundzwanzigsten – die alte liebe Herdtante bereitet gerade den Tofu zu – kam der Jadekaiser herein und drängte die Tochter wieder zum Aufbruch. Doch

die Herdtante sagte: „Was drängt Ihr mich denn? Das Neujahrsfest steht vor der Tür, aber es ist ja gar kein Fleisch im Haus! Morgen werde ich zunächst Fleisch schneiden!"

8 Am Sechsundzwanzigsten – die alte liebe Herdtante hatte gerade das Fleisch geschnitten – kam der Jadekaiser herein und drängte die Tochter erneut zum Aufbruch. Doch die Herdtante sagte: „Was drängt Ihr mich denn? Das Neujahrsfest steht vor der Tür, aber nicht einmal eine Henne können wir uns leisten! Morgen werde ich zunächst ein paar Hühner schlachten!"

9 Am Siebenundzwanzigsten – die alte liebe Herdtante schlachtete gerade die Hühner – kam der Jadekaiser herein und drängte die Tochter wieder zum Aufbruch. Doch die Herdtante sagte: „Was drängt Ihr mich denn? Soll ich unterwegs etwa hungern? Morgen werde ich zunächst ein paar Hefeklöße dämpfen!"

10 Am Achtundzwanzigsten – die alte liebe Herdtante ließ gerade den Teig gehen – kam der Jadekaiser herein und drängte die Tochter erneut zum Aufbruch. Doch die Herdtante sagte: „Was drängt Ihr mich denn? An Neujahr muss es doch etwas Gutes zum Trinken geben! Morgen werde ich zunächst etwas Schnaps abfüllen!"

11 Am Neunundzwanzigsten – die alte liebe Herdtante hatte gerade etwas Schnaps abgefüllt – kam der Jadekaiser herein und drängte die Tochter wieder zum Aufbruch. Doch die Herdtante sagte: „Was drängt Ihr mich denn? Nicht eine Teigtasche haben wir in diesem Jahr zu essen bekommen. Morgen werde ich zunächst Teigtaschen zubereiten!"

12 Am Dreißigsten – die alte liebe Herdtante bereitete gerade Teigtaschen zu – kam der Jadekaiser herein. Er schäumte vor Wut. Nicht eine Nacht länger sollte die Tochter bleiben! Zum Glück hatte die alte gute Herdtante inzwischen sämtliche Vorbereitungen abgeschlossen. Daher entgegnete sie dieses Mal nichts. Nur der Abschied von ihrer guten Mutter fiel ihr sehr schwer, weswegen sie noch bis zum Einbruch der Dunkelheit im Himmelspalast ausharrte. In jener Nacht tat im Dorf keiner ein Auge zu. Ein jeder saß gespannt am Herdfeuer, die Rückkehr der alten lieben Tante erwartend. Als sie sich endlich zeigte, wurden weit und breit Feuerwerk und Duftpapier angesteckt, um die gute Herdtante gebührend zu empfangen. Zum Zeitpunkt der Ankunft war es bereits

Mitternacht und das neue Jahr war angebrochen.

13 Um der alten lieben Herdtante und ihrer Güte zu gedenken, begannen die Leute Jahr für Jahr vom Dreiundzwanzigsten bis zum Dreißigsten des letzten Monats nach dem Mondkalender der Reihe nach Pfannkuchen zu backen, das Haus zu fegen, Tofu zuzubereiten, Fleisch zu schneiden, Hühner zu schlachten, einen Teig anzusetzen, Schnaps auszuschenken und Teigtaschen zuzubereiten. Und der Brauch des Wachbleibens in der Neujahrsnacht erinnert an das Warten auf die Heimkehr der alten lieben Herdtante!

Aufgaben

c) Vergleichen Sie zu zweit Ihre Schlüsselwörter.

In Absatz 1 habe ich „Hausputz", „Pfannkuchen" und „Neujahrswacht" markiert. Und du?

Ich habe stattdessen „Bräuche" markiert. Ich glaube, dass „Bräuche" deine Schlüsselwörter zusammenfasst.

d) Was bedeuten die unterstrichenen Ausdrücke aus dem Text? Kreuzen Sie an. Arbeiten Sie zu zweit.

1) Da der Jadekaiser an sich schon <u>nicht gut auf die Tochter und den ärmlichen Schwiegersohn zu sprechen war</u>, ...

A ungern von der Tochter und dem ärmlichen Schwiegersohn sprach

B verärgert über die Tochter und den ärmlichen Schwiegersohn war

C oft abfällig über die Tochter und den ärmlichen Schwiegersohn sprach

2) ... war es nur logisch, <u>dass ihm der Kragen platzte</u>, als er von den Machenschaften der Tochter Wind bekam.

A dass er so wütend wurde, dass er die Beherrschung verlor

B dass er vor Wut bereit war, Gewalt anzuwenden

C dass er wütend wurde

3) Doch besann sie sich rasch, denn sie konnte ihrem Dorf ja schlecht mit leeren Händen gegenübertreten.

A es wäre sehr unangebracht, ohne Geschenke in das Dorf zurückzukehren

B sie musste schließlich wider Willen etwas für die Dorfbewohner mitbringen

C sie brachte es nicht über das Herz, dem Dorf nichts mitzubringen

4) Außerdem konnte sie dem Vater sein Verhalten nicht einfach durchgehen lassen.

A das Verhalten des Vaters nicht akzeptieren

B nicht so tun, als hätte sie kein Problem mit dem Verhalten des Vaters

C das Verhalten des Vaters nicht ungestraft lassen

5) Als sie sich endlich zeigte, wurden weit und breit Feuerwerk und Duftpapier angesteckt, um die gute Herdtante gebührend zu empfangen.

A um der guten Herdtante zu zeigen, dass viel Geld für den Empfang ausgegeben wurde

B um die gute Herdtante mit angemessenem Respekt zu empfangen

C um der guten Herdtante den richtigen Weg zu zeigen

e) Was war neu für Sie? Formulieren Sie Fragen zu den Informationen zur Entstehung der Bräuche des Neujahrsfestes, die neu für Sie waren. Schreiben Sie Ihre Fragen jeweils auf Kärtchen.

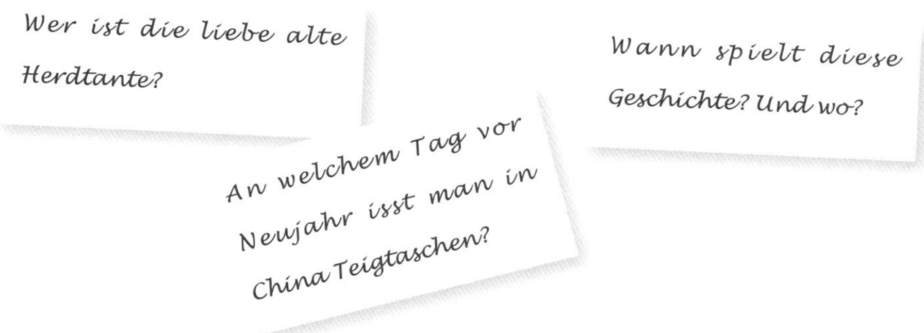

f) Bilden Sie Gruppen. Sammeln Sie die Fragekärtchen aller Gruppenmitglieder und tauschen Sie diese mit einer anderen Gruppe. Diskutieren Sie gemeinsam die Fragen der anderen Gruppe und beantworten Sie diese schriftlich auf den Kärtchen.

Wer ist die liebe alte Herdtante?
Die unsterbliche Tochter des Jadekaisers.

An welchem Tag vor Neujahr isst man in China Teigtaschen?
Am Dreißigsten, dem letzten Tag vor dem Neujahr.

g) Tauschen Sie Ihre Kärtchen nun mit einer dritten Gruppe. Überprüfen Sie, ob die Antworten stimmen.

Ich denke, das stimmt nicht, weil ...

Ich glaube, das stimmt.

h) Diskutieren Sie in Ihren Gruppen:
- Finden Sie die liebe alte Herdtante heldenhaft?
- Wie finden Sie die völlig selbstlose Art der lieben alten Herdtante?
- Welche der genannten traditionellen Neujahrsbräuche praktizieren Sie?
- Wie wichtig ist Ihnen das Neujahrsfest? Welchen Stellenwert hat das Fest in der chinesischen Kultur?

Arbeitsaufträge für die ganze Klasse:

i) Arbeiten Sie zu dritt. Entwerfen Sie einen Dialog zwischen drei Charakteren aus den Texten 1-3 (z.B. Qu Yuan, die liebe alte Herdtante, der Pestdämon) zu einem der folgenden Themen:
- Sind Glück, Segen und Reichtum für alle Menschen möglich?
- Welcher traditionelle chinesische Feiertag ist der beste?
- Wer trägt die Verantwortung für das Glück der Gesellschaft?

– Warum sind traditionelle Feste (nicht) wichtig?
– [Ihr eigenes Thema]

Machen Sie auch klar, wo und zu welcher Zeit das Gespräch stattfindet!

j) **Präsentieren Sie das Gespräch in der Klasse. Die Übrigen hören zu und kommentieren.**

– Was war interessant?
– Wo stimmen Sie zu? Warum?
– Wo stimmen Sie nicht zu? Warum?

– *Ich fand es* ***spannend****, dass …*
– *Ich bin mit dem, was [______________] gesagt hat,* ***einverstanden / nicht einverstanden****, weil …*
– *Ich* ***stimme*** *[______________]* ***zu / nicht zu****, denn …*
– *Zum Teil* ***sehe ich das auch so****, aber/weil … / , besonders, dass …*
– *Ich* ***sehe das kritisch*** *…*
– ***Meiner Meinung nach*** *ist es wichtig, …*

4 Die Legende der Neujahrswacht

1 Man sagt, dass vor langer, langer Zeit der oberste Himmelsgott jeden Neujahrsabend das Himmelstor öffnete und die Reichtümer seiner Schatzkammer in die Welt der Menschen ließ, um einem jeden Bewohner zu einem reichen Leben zu verhelfen. War die Zeit gekommen, verwandelten sich allerorts die Ziegelsteine, Dachpfannen und gewöhnlichen Steine in Gold und Silber, sodass es nur so funkelte und blitzte. Jedoch gab es auch eine Regel. Niemand durfte aus Gier zu viel von den wertvollen Steinen aufsammeln. Sammelte man einige der Kostbarkeiten auf, so musste man sie in das eigene Haus bringen und erst nach Tagesanbruch durfte man die Haustür wieder öffnen.

2 Familie Li hatte zwei Brüder. Der ältere hieß Gouzai und war gegenüber seinen Mitmenschen unfreundlich. Er liebte Geld über alles. Der jüngere der beiden hieß Wuzi. Dieser war herzensgut, arbeitsam und aufrichtig. Eines Neujahrabends saßen die zwei Brüder in ihrem Haus und warteten darauf, dass sich das Himmelstor öffnete. Sie warteten und warteten, doch noch war das Himmelstor nicht geöffnet. Gouzai dachte sich: „Ich muss mir einen Weg ausdenken, wie ich ohne viel Aufwand so viele der Reichtümer wie möglich erlangen kann." Also schaffte er einen Haufen Steine, eine Steinwalze und einen großen Mühlstein in den Eingang des Hauses. Sobald das Himmelstor geöffnet wurde, wollte er diese schnell ins Haus rollen. Wuzi saß hingegen seelenruhig da und wartete, um später draußen ein paar Steinchen aufzusammeln.

3 Um Mitternacht wurde das Himmelstor geöffnet und die Steine und Ziegel im Eingangshof verwandelten sich wie erwartet in Gold und Silber. Wuzi sammelte ein paar Kostbarkeiten auf, legte sie in sein Körbchen, brachte sie ins Haus und schloss die Tür hinter sich. Gouzai schaffte es nur unter Aufbietung all seiner Kräfte, die großen Steine, die er zuvor bereitgelegt hatte, zurück ins Haus zu bewegen. Er betrachtete sein mit Reichtümern gefülltes Zimmer und wurde ganz verrückt vor Freude. Er dachte, dass er von diesem Tage an der reichste Mensch auf der ganzen Welt sein würde. Nervös erwartete er das Morgengrauen. Der Himmel war noch nicht hell, aber er konnte es nicht mehr

aushalten. Er ging hinaus und sah zum Himmel hinauf. Dabei vergaß er allerdings die Regel – solange der Himmel noch nicht hell war, durfte man nicht vor die Tür treten. Als er wieder ins Haus zurückging, stellte er mit Erschrecken fest, dass all das Gold und Silber wieder zu Stein geworden waren. Vor Wut begann er, bitterlich zu weinen. Und Wuzi? Der öffnete die Haustür erst als der Himmel bereits wieder hell war. Ja, ihm präsentierte sich nun ein gefülltes Körbchen voller Silber, Gold und anderen Schätzen. Vor Freude hüpfte er.

4 Später merkte der oberste Himmelsgott, dass es mit der Zeit immer mehr gierige Menschen wie Gouzai gab. Aus Zorn über sie ließ er das Himmelstor von da an für immer verschlossen. Trotzdem hofften die Menschen noch immer darauf, dass sich das Himmelstor eines Tages wieder öffnen würde. Und obwohl sie Jahr für Jahr am Neujahrsabend darauf warteten, blieb das Himmelstor aber seitdem verschlossen. Dennoch kommen bis heute jeden Neujahrsabend die Menschen in ihren Familien zusammen, entzünden Kerzen und warten auf den Tagesanbruch. So setzte sich der Brauch der Neujahrswacht bis heute fort.

Aufgaben

a) Lesen Sie den Text. Beantworten Sie schriftlich die W-Fragen.

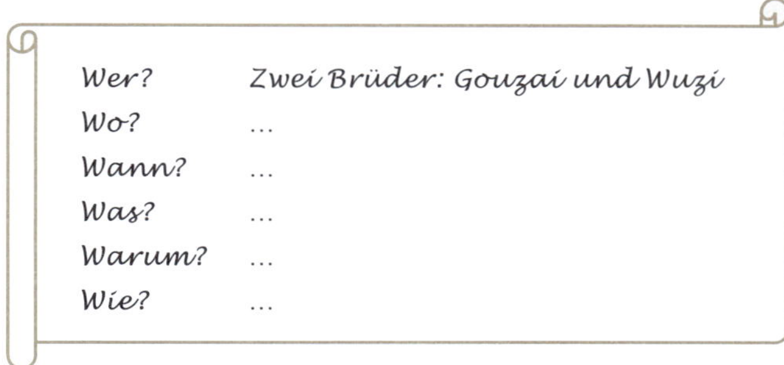

b) Welche Figuren gibt es im Text? Beschreiben Sie die Figuren. Machen Sie eine Tabelle.

Gouzai	Wuzi
– unfreundlich – liebt Geld – ...	– ...

c) Lesen Sie den Text und kreuzen Sie an: richtig(r), falsch(f), oder nicht genannt(x).

	r	f	x
0) Die Pfannen und Töpfe verwandelten sich in Gold und Silber.	☐	☒	☐
1) Man durfte das Haus nach dem Aufsammeln der Schätze bis zum Morgengrauen kein zweites Mal mehr verlassen.	☐	☐	☐
2) Wuzi und Gouzai hatten kein gutes Verhältnis.	☐	☐	☐
3) Gouzai wollte die Schätze mithilfe der Walze ins Haus transportieren.	☐	☐	☐
4) Gouzai hatte Schwierigkeiten damit, die Schätze ins Haus zu transportieren.	☐	☐	☐
5) Die Schätze waren verschwunden.	☐	☐	☐
6) Gouzai war neidisch auf Wuzi.	☐	☐	☐
7) Zwar hat sich das Himmelstor nie wieder geöffnet, doch trotzdem bleiben viele Menschen noch heute in der Neujahrsnacht wach.	☐	☐	☐

d) Telc-Training: Prüfungsteil „Schriftlicher Ausdruck"

Sie erhalten die folgende E-Mail von Ihrer österreichischen Freundin. Antworten Sie schriftlich (etwa 150 Wörter). Wählen Sie einen passenden Betreff, Anrede, Einleitung, Schluss und Grußwort. Gehen Sie auf alle Punkte ein (mind. 2 Sätze pro Punkt).

Liebe/r ______________,

in wenigen Wochen ist schon wieder Dezember, und das bedeutet: Bald ist Weihnachten! Für mich ist die Zeit um das Weihnachtsfest die schönste Zeit im ganzen Jahr, denn dann kommt die ganze Familie zusammen und alle können sich endlich vom stressigen Arbeitsalltag erholen. Es gibt Geschenke, einen Weihnachtsbaum, man geht in die Kirche und sieht sich das Krippenspiel an. Außerdem gibt es besonderes Essen. Bei uns meistens

Rotkohl, Kartoffeln und Braten.

Leider kann ich dir nicht die Herkunft all unserer Weihnachtsbräuche erklären, aber ich erzähle dir mal von der Geschichte hinter dem Weihnachtsfest. In der Nacht, in der Jesus geboren wurde, kamen drei heilige Könige mit Gold, Weihrauch und Myrrhe als Geschenke für das Kind. Dazu kamen noch einige Hirten mit ihren Schafen sowie einige Tiere, die im Stall lebten. Darum kommt an Weihnachten auch heute noch die ganze Familie zusammen und macht einander Geschenke.

Wenn du möchtest, laden meine Familie und ich dich gern zum Weihnachtsfest ein. Wie wäre es? Ich würde mich riesig freuen.

Und welches ist dein Lieblingsfest? Kannst du mir dazu etwas erzählen? Ich bin gespannt!

Liebe Grüße

Deine Florentina

Antworten Sie Ihrer Freundin. Erwähnen Sie in Ihrer E-Mail:
- dass Sie gern kommen möchten.
- welches Ihr Lieblingsfest ist.
- welche Bräuche es an Ihrem Lieblingsfest gibt.
- welche Geschichte steckt hinter Ihrem Lieblingsfest?

Vokabelliste

Text 1

die Vormacht (nur Sg.)	die führende Machtposition
von etw. geprägt sein	charakteristisch für etw./jmdn. sein; sich auf etw./jmdn. auswirken
der Ahnentempel, -	ein Tempel, in dem der Vorfahren gedacht wird
die Opfergabe, -n	ein Geschenk an Tote oder Götter in Form von Speisen und Getränken oder toten Lebewesen
adlig	einer aristokratischen Familie angehörend (z.B. Könige, Fürsten, Herzoge etc.)
niederträchtig	in gemeiner Weise versuchend, anderen zu schaden
schüren	verstärken (z.B. ein Feuer, einen Konflikt, ...)
jmdn. in Ungnade bringen	jmdn. in einen falschen schlechten Ruf bringen; jmdn. bei anderen unbeliebt machen
anderweitig	ansonsten; des Weiteren
die List, -en	ein geheimer Plan mit bösen Absichten
in etw. einfallen	etw. (militärisch) stürmen und überfallen
herzlich	von Herzen kommend
sich erübrigen	überflüssig sein
etw./jmdm. Gehör schenken	auf jmdn. hören; jmdm. zuhören; auf jmds. Bitte eingehen
die Bresche, -n	eine große Lücke
der Rubinschwefel	ein rötlicher arsenbasierter Kristall; hochgiftig, kann jedoch in kleinen Mengen entgiftend wirken

benebelt	leicht betäubt; leicht betrunken
erbost	böse; wütend
häuten	die Haut abziehen
die Sehne, -n	Fasern, die die Muskeln im Körper zusammenhalten und Muskel und Knochen miteinander verbinden

Text 2

über jmdn. hereinbrechen	jmdn. unerwartet und hart treffen; plötzlich beginnen
die Seuche, -n	eine sich schnell ausbreitende, gefährliche Krankheit
aussparen	verschonen; unbetroffen lassen
aufschnappen	(eine Information) zufällig, vereinzelt hören;
der Dämon, -en	ein böser Geist; böses Mittelwesen zw. Mensch und Gott
das Siechtum (nur Sg.)	zunehmende Schwächung durch schweren, unheilbaren Krankheitsverlauf
über die Runden kommen	mit dem Geld auskommen, das man zur Verfügung hat
um jmdn. schlimm bestellt sein (es)	schlechte Aussichten auf ein gutes Ende haben
jmdm. seine Aufwartung machen	jmdm. einen Besuch aus Höflichkeit machen
von etw. ablassen	aufhören etw. zu tun; etw. seinlassen
die Strapaze, -n	große (körperliche), lange Zeit andauernde Anstrengung

jmdm. zunicken	in jmds. Richtung eine bejahende Geste mit dem Kopf machen
der Recke, -n	der mutige Held
die Zypresse, -n	hoher, spitzer Nadelbaum
verriegeln	fest abschließen; fest zusperren
jmdm. den Garaus machen	jmdn. töten; jmdn. beseitigen
der Bannzauber, -	ein magischer Trick zum Vertreiben einer bösen Kraft
wohlgemut	fröhlich und voller guter Hoffnung
die Siebensachen (Pl.)	die wichtigsten Sachen, die man auf Reisen braucht
gurren	rufen (speziell für Tauben)
niederknien	sich mit den Knien auf den Boden stellen
verharren	bleiben
schelmisch	frech, aber ohne böse Absichten
jmdm. etw. anvertrauen	jmdn. vertrauensvoll bitten, eine Aufgabe zu übernehmen; jmdm. etw. Geheimes verraten
die Kornelkirsche, -n	eine Pflanze, die kleine, rote Früchte ausbildet
die Chrysantheme, -n	eine Blumenart, die es in vielen Variationen gibt
jmdn. eindecken	jmdm. viel von etw. geben; jmdn. versorgen
der Drill (nur Sg.)	das harte Training
der Kranich, -e	ein großer Vogel; 鹤
zusammentrommeln	zusammenrufen, versammeln

jmdn. über etw. / von etw. unterrichten	jmdm. Informationen weitergeben; jmdm. etw. berichten; jmdn. in Kenntnis setzen
das Ungetüm, -e	das Monster, das Ungeheuer
flitzen	sehr schnell rennen
auf etw./jmdn. einstürmen	zum Angriff in jmds. Richtung rennen
Reißaus nehmen	fliehen; schnell flüchten
die Nüstern (Pl.)	die Nasenlöcher (bei Tieren)
katapultieren	kräftig und mit Schwung werfen; mithilfe eines Katapults werfen
der Speer, -e	eine längliche, spitze Waffe zum Werfen
plagen	stören; quälen
austreiben	(einen bösen Geist/Dämon) verjagen

Text 3

schlichten	in einem Streit vermitteln und ihn friedlich beenden
die Machenschaft, -en	böse Tat
die Nacht durchmachen	die ganze Nacht nicht schlafen
verbannen	den erneuten Eintritt verbieten (z.B. aus einem Staat verbannen)
etw. als Grund vorschieben	etw. als Grund erklären, obwohl der wahre Grund ein anderer ist
von etw. Wind bekommen	etw. (inoffiziell) erfahren
sich besinnen	etw. bedenken; sich etw. bewusstmachen

sich einmischen	Teil einer (zunächst fremden) Angelegenheit werden
jmdn. drängen	mit Nachdruck bitten; versuchen zu überreden
der Hefekloß, ::e	eine gedämpfte oder gekochte, runde Teigspeise
(den Teig) gehen lassen	warten, bis der Teig dank der Hefe gewachsen ist
anstecken	anzünden
anbrechen (Tag)	beginnen, dämmern
jmds. gedenken	an jmdn. ehrend und anerkennend zurückdenken

Text 4

jmdm. zu etw. verhelfen	dafür sorgen, dass jmd. das bekommt, was er sich wünscht
der Ziegelstein, -e	ein eckiger Stein zum Bauen einer Hauswand
die Dachpfanne, -n	ein flaches Stück Stein zum Decken eines Daches
die Gier (nur Sg.)	heftiges Verlangen und Streben nach Erfüllung, Genuss und Befriedigung
die Steinwalze, -n	ein großer Stein zum Plattdrücken von Erde oder Getreide
der Mühlstein, -e	runder Stein zum Mahlen von Getreide
unter Aufbietung (+Gen.)	anwendend, aufwendend

08

Aus Fehlern lernt man!
(im besten Fall)

Ein Gelehrter lässt sich in die Irre führen und macht sich lächerlich

1 Einst gab es im Staat Chu einen Gelehrten, der mit seiner Frau in ärmlichen Verhältnissen lebte. Eines Tages stieß er in einem Buch auf folgende Zeile: „Erlangt man das Blatt, hinter dem sich die Gottesanbeterin versteckt, wenn sie eine Zikade fängt, so kann man den Blicken Anderer verborgen bleiben."

2 Daraufhin stellte sich der Gelehrte einen ganzen Tag lang unter einen Baum und blickte suchend hinauf. Schließlich entdeckte er eine Gottesanbeterin, die sich hinter einem Blatt versteckte und auf die Gelegenheit wartete, eine Zikade zu fangen. Als er dies sah, pflückte der Gelehrte sogleich das Blatt, hinter dem sich die Gottesanbeterin verbarg, vom Baum. Jedoch fiel es ihm herunter, sodass das Blatt nun irgendwo zwischen hunderten anderen Blättern auf dem Boden lag. So sehr er es auch versuchte, er konnte es nicht von den anderen unterscheiden. Also fegte er einige Häufchen Blätter zusammen und nahm sie mit nach Hause.

3 Dort hielt der Gelehrte ein Blatt nach dem anderen vor seine Augen und fragte jedes Mal seine Frau: „Kannst du mich sehen?" Zu Beginn sagte seine Frau immer wieder: „Ich kann dich sehen." Aber ihr Gatte hörte nicht mit dem Fragen auf. Nachdem dies einen Tag so gegangen war, hatte sie von den Fragen ihres Mannes genug und sagte schließlich einfach: „Ich kann dich nicht sehen."

4 Als der Gelehrte dies hörte, war er vor Freude nicht mehr zu halten. Sofort rannte er mit dem Blatt auf die Straße und fing an, andere Leute vor ihren Augen zu bestehlen. Auf frischer Tat ertappt, wurde er festgenommen und in das örtliche Yamen gebracht. Dort verhörte ihn der Kreisamtmann, woraufhin der Gelehrte ihm die ganze Geschichte erzählte.

5 Nachdem der Kreisamtmann die Erzählung gehört hatte, lachte er laut auf. Er erkannte, dass es sich bei dem Gelehrten nicht um einen bösen Menschen handelte und ließ ihn wieder frei. Diese lustige Geschichte sprach sich schnell herum.

6 Die Redewendung „Ein Blatt verdeckt die Augen", wurde später um die Endung „und der Berg Tai wird nicht gesehen" ergänzt. Heute wird sie als Analogie

gebraucht, wenn ein kleiner Gegenstand vor den Augen die Sicht auf das eigentliche, weiter entfernte Ziel verdeckt.

Aufgaben

a) **Lesen Sie den Text und kreuzen Sie an: richtig(r), falsch(f), oder nicht genannt(x).**

	r	f	x
0) Der Gelehrte in dieser Geschichte war ein reicher Mann.	☐	☒	☐
1) Der Gelehrte konnte nicht lesen.	☐	☐	☐
2) Der Gelehrte konnte sehr schnell das Blatt finden, das er gesucht hatte.	☐	☐	☐
3) Die Frau des Gelehrten hatte ihn belogen.	☐	☐	☐
4) Der Gelehrte hatte heimlich andere Leute bestohlen.	☐	☐	☐
5) Der Gelehrte wurde für seine Vergehen bestraft.	☐	☐	☐
6) Viele Leute waren verärgert über das Verhalten des Gelehrten.	☐	☐	☐
7) Nur wenige Leute erfuhren von der Geschichte des Gelehrten.	☐	☐	☐

b) **Notieren Sie Stichpunkte zu den folgenden Fragen:**

- Wieso hatte der Gelehrte so viele Blätter mit zu sich nach Hause genommen?
- Welchen Fehler hat der Gelehrte in der Geschichte begangen?
- Haben Sie schon einmal einen Fehler begangen, den sie im Nachhinein als sehr „dumm" empfunden haben?

2  Afanti überlistet den boshaften Pfeffersack

1 Einst lebte ein äußerst gieriger und reicher Mann mit einem Herzen aus Stein. Er verstand sich darauf, arme Leute mit Wucherzinsen auszubeuten. Falls sich jemand von ihm auch nur ein wenig Geld lieh, forderte er nach einer Woche direkt das Dreifache als Rückzahlung. Die Leute hassten diesen boshaften Pfeffersack sehr. Afanti entschloss sich dazu, ihm eine Lektion zu erteilen.

2 Eines Tages lieh er sich von dem Pfeffersack zehn Kupfermünzen. Nach einer Woche kam er mit einem vollen Münzbeutel zu dem Halunken und sprach aufgeregt: „Dank Eures Geldes habe ich ein Vermögen gemacht!" Geheimnisvoll sagte er zu dem Pfeffersack: „Im Hinterhof meines Hauses gibt es einen Schatzplatz. Pflanzt man dort Münzen und lässt eine Woche vergehen, wächst daraus das Zehnfache an Geld!" Als der Pfeffersack das hörte, sagte er sofort mit einem großen Grinsen auf dem Gesicht: „Hehe, ich würde Dich gern bitten, mir einen Gefallen zu tun. Pflanze meine Münzen für mich an, und nachdem die Früchte zum Vorschein gekommen sind, werde ich Dich mit einem Anteil belohnen." Afanti sagte zögernd: „Es ist aber der Schatzplatz meiner Familie. Normalerweise können Fremde dort nichts pflanzen." Der Pfeffersack bat jedoch wieder und wieder, sodass Afanti schließlich nicht anders konnte, als nachzugeben. Der Pfeffersack nahm einen großen Beutel voll Gold und brachte ihn in den Hinterhof von Afanti. Dort grub er ein großes Loch und vergrub seinen Reichtum.

3 Nachdem eine Woche verstrichen war, kam Afanti niedergeschlagen zum Pfeffersack und sagte: „Es ist wirklich ein Unglück! Das Gold hat keine Früchte getragen. Ohne Ausnahme ist alles verrottet und verloren. Der Pfeffersack war schockiert, sprang auf und sagte: „Wie kann Gold absterben? Du musst es genommen haben!" Afanti sagte: „Da Gold zu pflanzen neues Gold wachsen lassen kann, verhält es sich damit wie mit den Feldfrüchten. Man fährt eventuell eine reiche Ernte ein, oder womöglich auch kein einziges Korn. Ihr wolltet es doch pflanzen! Ist das mir zum Vorwurf zu machen?" Als der Gierhals das hörte, verschlug es ihm die Sprache.

3 Die Affen fischen nach dem Mond

1 Affen werden in der Regel von ihren tierischen Kameraden als die Intelligentesten und Geistreichsten bezeichnet. Dadurch wurden die Affen mit der Zeit immer arroganter.

2 Eines Abends entdeckten einige Affen in einem Brunnen einen großen runden Mond. Sie riefen: „Nicht gut, nicht gut! Der Mond ist in den Brunnen gefallen!"

3 Kurz darauf kamen viele andere Affen herbei. Ein alter Affe kletterte auf einen großen Baum neben dem Brunnen und hängte sich kopfüber an einen Ast. Mit beiden Händen umfasste er die Füße eines großen Affen. Dieser wiederum umfasste mit beiden Händen die Füße eines mittelgroßen Affen. Und jener umfasste wiederum die Füße eines kleinen Affen, sodass sie gemeinsam eine Kette bildeten, mit dem kleinen Affen ganz unten. Dieser streckte seine beiden Hände aus, um den Mond aus dem Brunnen zu fischen. Als das Brunnenwasser von seinen Händen in Bewegung versetzt wurde, zerbrach der Mond in viele Scherben. Der kleine Affe schrie vor Entsetzen: „Oh nein! Ich habe den Mond kaputt gemacht!"

4 Die anderen Affen schimpften alle über den kleinen Affen. Nicht lang danach war das Brunnenwasser wieder ruhig geworden, weshalb der große runde Mond wiederauftauchte. Der kleine Affe versuchte erneut, den Mond aus dem Wasser zu fischen, aber es wollte ihm einfach nicht gelingen.

5 Der ganz oben am Baum hängende Affe begann ungeduldig zu werden. Einer sagte: „Meine Beine können bald nicht mehr!" Ein anderer sagte: „Meine Hände tun weh. Ich kann euch bald nicht mehr festhalten." Da hob der alte Affe den Kopf und sah, dass der Mond doch wie gehabt am Himmel zu sehen war. Erst da begriffen sie alle, dass der Mond im Brunnenwasser bloß das Spiegelbild des Mondes am Himmel war. Danach wagten die Affen es nie wieder, von sich zu behaupten, die Intelligentesten und Geistreichsten zu sein.

Ein Mann trägt sein Fell falsch herum und erntet Kritik von Fürst Wen von Wei

1 Im Staat Wei gab es einen Ort namens Dongyang. Eines Jahres betrugen die von Dongyang entrichteten Abgaben (Geld, Getreide und Textilien) im Vergleich zu den in den Vorjahren entrichteten das Zehnfache. Alle Minister und Generäle im Dienste des Fürstenhofes sprachen ihre Glückwünsche aus.

2 Jedoch war Fürst Wen von Wei nicht erfreut über diese Angelegenheit. Er konnte nicht anders, als zu denken: „Der Boden Dongyangs hat sich nicht vergrößert und die Bevölkerungszahl ist auch unverändert. Wie kann es also sein, dass plötzlich im Vergleich zu den Vorjahren das Zehnfache an Steuern abgegeben wurde? Selbst wenn es eine reiche Ernte gibt, müssen die entrichteten Abgaben doch im Verhältnis stehen!" Er kam schließlich auf den Gedanken, dass es sicherlich an ein paar Beamten gelegen haben muss, die die Steuern und Abgaben erhöht hatten. Dieser Gedanke erinnerte ihn an eine Sache, die er einmal erlebt hatte.

3 Eines Tages, als Fürst Wen von Wei unterwegs war, begegnete er einem Mann auf der Straße, der eine Kleidung aus Schafsfell trug. Dieser trug die Kleidung linksherum, sodass das Fell auf der Innenseite und die Haut auf der Außenseite war. Auf dem Rücken trug er einen Korb, der mit Heu gefüllt war. Fürst Wen von Wei fand dies sehr seltsam und fragte den Mann: „Warum trägst Du deine Schafskleidung denn falschherum? Du hast die Haut auf der Außenseite und trägst damit noch Dinge auf dem Rücken!"

4 Der Mann antwortete: „Ich liebe dieses Stück Kleidung so sehr. Ich fürchte, dass das Fell leicht beschädigt werden könnte, wenn ich es auf der Außenseite trage. Besonders wenn ich Sachen auf dem Rücken trage, habe ich Angst darum, dass es zu Schaden kommen könnte."

5 Fürst Wen von Wei entgegnete ernst: „Tatsächlich ist die Seite mit der Haut am wichtigsten. Wenn sie beschädigt wird, dann hat das Fell keinen Ort mehr, an dem es hängen kann und fällt aus. So verlierst du das, was dir eigentlich das Fell sichert. Ist das nicht etwas unsinnig?" Seine Worte stießen jedoch auf taube Ohren und der Wanderer ging mit dem Fell auf der Innenseite und dem

Heukorb auf dem Rücken weiter seines Weges.

6 Als Fürst Wen von Wei sich wieder an diese Geschichte erinnerte, kam ihm ein Gedanke. Wenn die Beamten die Steuern derart erhöhen, ohne das Leben der einfachen Bevölkerung zu berücksichtigen, ist das dann nicht mit dem Verhalten des Mannes, der seine Wollkleidung falschherum trug, vergleichbar?

7 Kurz darauf rief er alle Beamten des Fürstenhofes zusammen und erzählte ihnen die Geschichte des Mannes, der seine Schafsfellkleidung falschherum trug. Am Ende seiner Erzählung angelangt sprach er ermahnend: „Wenn es die Haut nicht mehr gibt, woran hängt dann das Fell? Sollte es der Bevölkerung nicht möglich sein, ein friedvolles Leben zu führen, sitzt auch der Herrscher nicht fest im Thron. Ich hoffe, Ihr könnt dieses Prinzip im Hinterkopf behalten." Die Beamten erhörten seine erhellenden Worte und im darauffolgenden Jahr wurden allerorts die Steuern und Abgaben gesenkt.

5 Der König von Yelang hält sein Reich für das Größte

1 Zur Zeit der Han-Dynastie gab es im Südwesten ein kleines Reich namens Yelang. Obwohl es sich um ein unabhängiges Reich handelte, war es dennoch sehr klein, hatte wenige Einwohner und verfügte kaum über natürliche Ressourcen. Doch Yelang war größer als alle angrenzenden Regionen und der König hatte sein Reich noch nie verlassen. Deshalb war er der Meinung, der König des größten Reichs unter dem Himmel zu sein.

2 Eines Tages, als der König mit seinen Truppen die Landesgrenzen inspizierte, deutete er vor sich und fragte: „Welches Reich ist hier das Größte?" Seine Untergebenen verstanden, was ihr König hören wollte und antworteten ihm: „Natürlich ist Yelang das größte Reich!" Nachdem sie ein weiteres Stück Weg hinter sich gebracht hatten, hob der König seinen Kopf erneut, blickte auf den hohen Berg vor sich und fragte: „Gibt es auf der Welt einen Berg, der noch höher ist als dieser?" Seine Untergebenen entgegneten: „Es gibt auf der Welt keinen Berg, der höher ist als dieser." Später kamen sie an das Ufer eines Flusses. Der König sagte: „Ich denke, dies ist wirklich der längste Fluss der Welt." Wie aus einem Munde sprachen seine Untergebenen erneut: „An den Worten Eurer Hoheit ist nichts falsch." Danach war der unwissende König von Yelang noch überzeugter davon, dass er der Herrscher des größten Reichs unter dem Himmel war.

3 Eines Tages wurde ein Gesandter aus der Han-Dynastie nach Yelang entsendet. Auf seinem Weg durchquerte er das an Yelang angrenzende Reich Tian. Der König von Tian fragte den Gesandten: „Welches Reich ist größer, die Han-Dynastie oder mein Reich?" Als der Gesandte diese Frage hörte, war er ganz verdutzt. Er wäre nie auf die Idee gekommen, dass sich so ein kleines Reich für mit der Han-Dynastie vergleichbar hielt. Später gelangte der Gesandte nach Yelang, wo ihn der eingebildete und unwissende König zu seiner Überraschung ebenfalls fragte: „Ist die Han-Dynastie oder mein Reich größer?" Als der Gesandte die Frage des Königs von Yelang hörte, sagte er lachend: „Die Han-Dynastie herrscht über dutzende Präfekturen. Das Gebiet von Yelang ist nicht

einmal so groß wie das einer einzigen davon. Sagt Ihr mir, welches Reich das größere ist." Als der König dies hörte, entgleisten ihm vor Überraschung die Gesichtszüge.

4 Die Redewendung „Yelang hält sich für groß" entstammt dieser Begebenheit und wird seitdem als Analogie für vermessenen Hochmut verwendet.

Aufgaben

a) Bilden Sie vier Gruppen!

b) Lesen Sie jeweils eine der Geschichten 2-5. Jede Gruppe liest eine andere Geschichte.

c) Bereiten Sie sich darauf vor, Ihre Geschichte mündlich nachzuerzählen.

d) Lösen Sie Ihre bisherigen Gruppen auf. Finden Sie sich nun in Vierergruppen zusammen, sodass jede Geschichte eine Vertreterin oder einen Vertreter hat.

e) Losen Sie innerhalb Ihrer neuen Gruppe eine Reihenfolge aus.

f) Stille Post! Erste Runde! Nun erzählt Person 1 ihre Geschichte nur Person 2. Person 3 erzählt währenddessen ihre Geschichte Person 4.

g) Zweite Runde! Person 2 erzählt Person 3 nun die gerade gehörte Geschichte (nicht die eigene!). Person 4 erzählt währenddessen Person 1 ebenfalls die eben gehörte Geschichte.

h) Dritte Runde! Person 1 erzählt nun die eben gehörte Geschichte Person 2 und Person 3 erzählt währenddessen die eben gehörte Geschichte Person 4.

i) Finale! Nun müssen Person 2 und Person 4 nacheinander der ganzen Gruppe erzählen, welche Geschichte sie gehört haben. Wie viel ist von der originalen Geschichte noch übriggeblieben?

j) Was kann man aus diesen Geschichten lernen? Diskutieren Sie in Ihrer Gruppe. Formulieren Sie Empfehlungen und schreiben Sie diese auf! (Satzstrukturen werden vorgegeben).

k) Sammeln Sie Ihre Empfehlungen.

6  Zhuzi versucht, 300 Tael Silber zu verstecken

1 Einst lebte ein junger Mann mit dem Namen Zhuzi. Seine Eltern waren früh verstorben und er verbrachte seine Tage in Armut. Eines Tages gab ihm jemand einen wohlgemeinten Hinweis: „In der Stadt gibt es einen Händler, der gerade Leute einstellt. Geh und arbeite für ihn!" Zhuzi war sehr erfreut, als er das hörte. Er stellte sich dem Händler vor und wurde von ihm eingestellt. Schnell war ein Jahr vergangen, in dem Zhuzi dem Händler half, Kräuter aus dem Norden in den Süden und Teeblätter aus dem Süden in den Norden des Landes zu transportieren. Der Händler war sehr zufrieden mit seiner Arbeit. Als das Jahr vorüber war, gab der Händler ihm 300 Tael Silber und sagte, dass er im nächsten Jahr gern weiter für ihn arbeiten könne.

2 Zhuzi brachte die glänzenden Silberstücke zu sich nach Hause. Noch nie zuvor hatte er so viel Geld auf einem Haufen gesehen. Glücklich schlief er für eine Nacht mit seinem Reichtum in den Armen. Für immer konnte er diese große Menge Geld jedoch nicht bei sich tragen. Allerdings wollte Zhuzi das Geld keinem anderen anvertrauen und konnte sich auch nicht mit dem Gedanken anfreunden, es zu einer Bank zu bringen. Er dachte darüber nach, das Geld im Haus zu verstecken, hielt diese Möglichkeit jedoch ebenfalls für zu unsicher. Zhuzi zerbrach sich eine Weile den Kopf, bis ihm der Garten hinter seinem Haus einfiel. Er hatte sich ein Jahr lang nicht mehr um ihn gekümmert und nun wucherte überall Unkraut. Außerdem betraten nur sehr selten Leute den Garten. Wäre es dann nicht sehr sicher, das Silber dort zu vergraben? Also füllte Zhuzi das Geld in einen Krug, verschloss die Öffnung und machte sich im Dunkel der Nacht ans Werk. Er grub ein Loch, legte den Krug hinein und befüllte es wieder mit Erde. Tropfnass vor Schweiß ging er zurück ins Haus. Dort begann er, sich Sorgen zu machen: „Die Leute werden bestimmt dahinterkommen, dass das Silber im Hintergarten des Hauses vergraben ist. Das ist doch Mist!" Kurz darauf hatte er eine Idee. Er könnte die anderen doch einfach wissen lassen, dass im Hintergarten kein Geld versteckt ist! So suchte er sich ein Holzschild und schrieb in krakeliger Handschrift ein paar Worte darauf. Was waren das für

Worte? „Hier sind keine 300 Tael Silber versteckt." Anschließend rammte er das Schild dort in den Boden, wo er das Silber versteckt hatte.

3 Zhuzi hatte einen Nachbarn namens Wang Er. Dieser war ein Herumtreiber, der sich gern die Habseligkeiten anderer zu eigen machte. Während seiner allabendlichen Spaziergänge ging er regelmäßig an dem Haus von Zhuzi vorbei. Er hatte davon gehört, dass Zhuzi zu Geld gekommen war und erinnerte sich gerade daran, als er an dessen Haus vorbeikam. Flink sprang er über die Mauer des Hintergartens. Eigentlich wollte er durch die Fenster spähen, um zu sehen, was Zhuzi gerade machte, als er plötzlich mitten im Garten auf etwas aufmerksam wurde. Als er sich umsah, erkannte er das Schild, auf dem geschrieben stand: „Hier sind keine 300 Tael Silber versteckt." Wang Er dachte einen Moment nach. Wenn dort wirklich kein Silber versteckt sein sollte, wie kam es dann, dass auf dem Schild genau „300 Tael" standen? Ach, was soll's! Einmal nachzusehen kann ja nicht schaden! Ganz aufgeregt begann er, unter dem Schild zu graben. Nicht schlecht! Die Erde war noch locker! Es dauerte nicht lang, und da hielt er schließlich den Krug in den Händen. Schnell wie der Blitz verschwand er mit seiner Ausbeute zu sich nach Hause.

4 Doch dort angekommen, kamen ihm Zweifel auf: „Jeder weiß, dass ich gern stehle. Wenn es herauskommt, dass Zhuzi Geld gestohlen wurde, werden alle mich verdächtigen! Wenn mir nichts einfällt, werde ich vor Gericht kommen und mit Schlägen bestraft werden. Wieso schreibe ich auf das Schild nicht einfach, dass ich das Geld nicht gestohlen habe?" Daraufhin nahm Wang Er ein Stück Kohle zur Hand und schlich sich erneut in den Garten. Dort füllte er die Erde wieder zurück in das Loch. Anschließend schrieb er einen Satz auf die Rückseite des Schildes und stellte es wieder zurück an seine ursprüngliche Stelle. Was hatte er auf das Schild geschrieben? „Wang Er von nebenan hat es nicht gestohlen."

Aufgaben

a) Lesen Sie den Text. Wählen Sie die zutreffenden Aussagen aus! (Es können mehrere Antworten richtig sein.)

1) Der Händler ...
   - A handelte mit tierischen Produkten.
   - B beauftragte Zhuzi damit, durch das Land zu reisen.
   - C war nicht glücklich mit der Arbeit von Zhuzi.
   - D wollte, dass Zhuzi künftig weiterhin für ihn arbeitet.
2) Zhuzi wollte das viele Geld ...
   - A weder jemand anderem anvertrauen, noch zur Bank bringen.
   - B an einem sicheren Ort verstecken.
   - C anhand des Schildes leichter wiederfinden können.
   - D anhand des Schildes für andere leichter auffindbar machen.
3) Der Nachbar von Zhuzi ...
   - A beklaute des Öfteren andere Leute.
   - B wollte ihn eines Abends besuchen.
   - C konnte das Geld im Garten dank des Schildes finden.
   - D gab das Geld schließlich wieder zurück.

b) Füllen Sie anhand der Informationen aus dem Text die Lücken aus!

0) Ein junger Mann, namens Zhuzi, arbeitete für ___ein Jahr___ bei einem ________________ und verdiente sich so ein kleines Vermögen von ________________.
1) Nachdem Zhuzi sein Geld im ________________ hatte, stellte er zudem ein ________________. Darauf stand geschrieben, dass ________________.
2) Der Nachbar von Zhuzi ________________ trotzdem, und nahm es mit zu ________________.
3) Der Nachbar von Zhuzi befürchtete, dass ________________. Deshalb ging er zurück in den Garten und ________________.

Projektaufgabe 4

Welche Bedeutung haben alte Geschichten für uns heute?

- Suchen Sie sich eine Geschichte aus diesem Buch aus.
- Arbeiten Sie allein oder zu zweit.
- Erarbeiten Sie eine **Präsentation von 3-5 Minuten** (bei zwei Personen 6-10 Minuten insg.) zum Thema, welche Bedeutung die Geschichte (bzw. ggf. das zugehörige Sprichwort) für uns heute hat.
- Erwähnen Sie mindestens folgende Inhalte:
  - Warum haben Sie diese Geschichte ausgewählt?
  - Was kann man aus der Geschichte lernen?
  - Inwiefern ist diese Geschichte heutzutage relevant?
  - Gibt es Bezüge zu Ihrem eigenen Leben?
  - Gibt es ein deutsches Sprichwort, das dazu passt?
  - ...

Es geht darum, einen Bezug zur Gegenwart herzustellen! Machen Sie deutlich, dass das Sprichwort noch heute relevant ist.

Können Sie das Publikum überzeugen?

Diskussionsleitfaden für das Publikum:

- Welche Geschichte wurde vorgestellt?
- Was meint die/der Referierende, aus der Geschichte lernen zu können?
- Wie bezieht die/der Referierende die Geschichte auf ihr/sein eigenes Leben?
- Findet die/der Referierende, dass die Geschichte noch heute relevant ist? Stimmen Sie zu? Begründen Sie Ihre Meinung.
- Können Sie auch Bezüge zu Ihrem Leben entdecken? Wenn ja, welche?

Vokabelliste

Text 1

die Gottesanbeterin, -nen	ein grünes Insekt, das so aussieht, als würde es beten
die Zikade, -n	ein kleines Insekt, das im Sommer oft Töne erzeugt
pflücken	von einem Baum oder einem Strauch ernten
verbergen	verstecken
von etw. genug haben	keine Lust mehr haben, etw. fortzusetzen
jmdn. bestehlen	etw. von jmdm. stehlen
auf frischer Tat ertappt	mit eigenen Augen sehen, wie jmd. gerade etw. Verbotenes macht
der Kreisamtmann, ¨er	der Vorsteher des Landkreises

Text 2

der Wucherzins, -e(n)	(unverhältnismäßig) hoher Zins
der Pfeffersack, ¨e	reicher Händler; Geschäftsmann
jmdm. eine Lektion erteilen	jmdn. zurechtweisen; jmdn. bestrafen, damit dieser seinen Fehler versteht
der Halunke, -n	Bösewicht; schlechter Mensch
ein Vermögen machen	reich werden
das Grinsen (nur Sg.)	ein Zähne zeigendes, breites Lächeln
niedergeschlagen	bedrückt; bekümmert; betrübt; depressiv
verrotten	allmählich zu Erde werden (Pflanzen etc.); ungenießbar werden (Nahrung)

jmdm. die Sprache verschlagen (es)	nicht wissen, was man sagen soll

Text 3

geistreich	in kluger Weise witzig
kopfüber	mit dem Kopf unten und den Füßen oben; umgedreht
die Scherbe, -n	ein abgebrochenes Stück (z.B. Glas, Keramik etc.)
das Entsetzen (nur Sg.)	mit einer panikartigen Reaktion verbundener Schrecken; großer Schrecken
begreifen	verstehen
wie gehabt	wie gewohnt; wie es bisher immer war

Text 4

die Abgaben (Pl.)	Steuern
an etw./jmdm. liegen (es)	der Grund für etw. sein
linksherum	mit der inneren Seite nach außen (Kleidung)
unsinnig	sinnlos; ohne Sinn
ermahnen	eindringlich an ein bestimmtes Verhalten erinnern
im Hinterkopf behalten	sich etw. merken / etw. nicht vergessen, während man etw. anderes tut
erhellend	erklärend

Text 5

vermessen	hochmütig; überheblich
inspizieren	genau untersuchen
deuten	interpretieren
die Präfektur, -en	eine Verwaltungseinheit im alten China
jmdm. entgleisen (Gesichtszüge)	(vor Schreck oder Erstaunen) die Kontrolle über die eigenen Gesichtszüge verlieren

Text 6

wohlgemeint	mit guten Absichten
das Tael, -s	Währung im alten China
einstellen	unter Vertrag nehmen; für sich arbeiten lassen; Arbeit geben
sich mit einem Gedanken anfreunden	einen Gedanken allmählich akzeptieren (Gegenteil: einen Gedanken nicht akzeptieren können)
sich den Kopf zerbrechen	schwer nachdenken; lange und angestrengt überlegen
wuchern	wild und schnell wachsen
das Unkraut, ¨er	unerwünschte Pflanzen im Garten, die zwischen den eigentlichen Pflanzen wachsen
krakelig	schwer leserlich (Handschrift)
rammen	mit einem kräftigen Schlag hineinstoßen
der Herumtreiber, -	Mann, der keinen zielgerichteten Lebensstil verfolgt, keinen festen Wohnsitz hat und nichts Sinnvolles tut

die Habseligkeit, -en	ärmliches Besitztum; gesamter (spärlicher) Besitz
allabendlich	sich jeden Abend wiederholend
spähen	forschend, suchend schauen
die Ausbeute, -n	Ertrag; Gewinn aus einer Tätigkeit
nebenan	sich im Haus neben dem eigenen befindend

Alphabetisch sortierte Vokabelliste

A

	etw. keinen **Abbruch** tun	L6/T2
	abdanken	L5/T1
	abebben	L3/T1
die	**Abgaben** (Pl.)	L8/T4
	von etw. **ablassen**	L7/T2
	abrupt	L3/T1
	abschätzig	L1/T1
	abschmecken	L5/T2
	abseits	L2/T2
	sich **absichern**	L4/T4
	abtreten	L2/T1
	adlig	L7/T1
der	**Ahnentempel**, -	L7/T1
	allabendlich	L8/T6
der	**Alternativplan**, ¨e	L4/T4
	anbrechen (Tag)	L7/T3
	anderweitig	L7/T1
	sich etw. **aneignen**	L1/T4
	eine **Angelegenheit** ruhen lassen	L2/T2
	ankern	L3/T1
	es auf etw. **anlegen**	L4/T3
	ein **Anliegen** ausschlagen	L2/T2
das	**Ansehen** (nur Sg.)	L6/T3
	anstecken	L7/T3
	anströmen	L5/T3
	jmdm. etw. **anvertrauen**	L7/T2
	anweisen	L2/T3
das	**Anwesen**, -	L2/T4
	dem **Ärger** Luft machen	L4/T1
der	**Argwohn** (nur Sg.)	L6/T2
	aristokratisch	L4/T4
die	**Audienz**, -en	L1/T4
	aufarbeiten	L5/T3
	unter **Aufbietung** (+Gen.)	L7/T4
	jmdn. gegen sich **aufbringen**	L2/T2
die	**Aufklärung**, -en	L5/T4
	aufrichtig	L1/T4
	aufschnappen	L7/T2
	auftürmen	L6/T4
	jmdm. seine **Aufwartung** machen	L7/T2
die	**Aufwartung**, -en	L5/T3
	aufzeigen	L4/T3
die	**Ausbeute**, -n	L8/T6
	sich mit etw. **auseinandersetzen**	L5/T2
die	**Auseinandersetzung**, -en	L4/T1
	ausgiebig	L1/T3
	ausharren	L5/T3
	ausliefern	L3/T2
	Ausschau halten	L1/T4
	außer sich sein	L2/T3
	aussparen	L7/T2
	austreiben	L7/T2
	auszeichnen	L1/T2

B

	bändigen	L5/T1
	bang(e)	L6/T2
der	**Bannzauber**, -	L7/T2
	Beamtenposten	L2/T3
die	**Beamtenrobe**, -n	L4/T5
	sich **bedienen**	L4/T5
der/die	**Bedienstete**	L2/T2
das	**Befinden** (nur Sg.)	L5/T2
	beflissen	L6/T1
	sich nach ... **begeben**	L2/T1
	begreifen	L8/T3
	behaglich	L5/T3
	beharrlich	L5/T4
	beiwohnen	L3/T1
	bekehren	L5/T4
	bekennen	L5/T4
die	**Belagerung**, -en	L2/T4
die	**Belange** (Pl.)	L2/T4
	belästigen	L4/T2
	benebelt	L7/T1
	berragen	L3/T2
	bersten	L3/T3
die	**Bescheidenheit** (nur Sg.)	L6/T3
	beschwichtigen	L4/T5
	sich **besinnen**	L4/T1
	sich **besinnen**	L7/T3
	bestaunen	L4/T2
	jmdn. **bestehlen**	L8/T1
	sich **betragen**	L5/T4
	betrüben	L5/T4
die	**Betrübtheit** (nur Sg.)	L6/T2
	bevorstehen	L4/T4
	bewandert	L3/T2
die	**Bewunderung**, -en	L2/T1
	bezaubernd	L3/T1
	jmdn. etw. **bezichtigen**	L6/T2
	bezwingen	L4/T2
	blättern	L1/T3
	die **böse** Miene	L2/T3
die	**Brandung**, -en	L6/T4
	brenzlig	L6/T3
die	**Bresche**, -n	L7/T1
	sich mit etw. **brüsten**	L6/T2
das	**Bündel**, -	L3/T1

C

die	**Chrysantheme**, -n	L7/T2

D

die	**Dachpfanne**, -n	L7/T4
der	**Dämon**, -en	L7/T2
	sich **davonmachen**	L2/T4
der	**Deich**, -e	L6/T4
die	**Demut**	L1/T2
	demütigen	L2/T4
	deuten	L8/T5
	dies und das	L4/T3
das	**Dornengestrüpp**, -e	L3/T4
	jmdn. **drängen**	L7/T3
	drängen nach	L4/T2
der	**Drill** (nur Sg.)	L7/T2
das	**Duell**, -e	L3/T4
	durchnagen	L3/T4
	ein **dutzend**	L1/T3

E

der	**Edelmut** (nur Sg.)	L2/T4
	ehrliche Absicht	L2/T1
der	**Eifer** (nur Sg.)	L1/T3

	sich etw. zu **eigen** machen	L2/T1
die	**Eignung**, -en	L5/T1
	jmdn. **eindecken**	L7/T2
	in etw. **einfallen**	L7/T1
	eingebildet	L2/T4
	damit **einhergehend**	L4/T3
	einkehren	L6/T2
	sich **einmischen**	L7/T3
	einschüchtern	L2/T3
	zur **Einsicht** kommen	L4/T2
	für jmdn. **einstehen**	L4/T5
	einstellen	L8/T6
	auf etw./jmdn. **einstürmen**	L7/T2
	eintauchen	L3/T1
die	**Eintracht** (nur Sg.)	L2/T4
der	**Einwand**, ⸚e	L2/T2
	einwilligen	L4/T4
	emporragen	L3/T1
	empört	L4/T2
der	**Engpass**, ⸚e	L6/T3
	entblößen	L5/T4
	entbrennen	L3/T4
	jmdm. **entgleisen** (Gesichtszüge)	L8/T5
die	**Enthauptung**, -en	L4/T2
die	**Entmachtung**, -en	L4/T4
	entmutigt	L2/T2
	entpuppen	L5/T1
das	**Entsetzen** (nur Sg.)	L8/T3
	entstammen	L1/T3
	entzückt	L3/T3
	erbarmungslos	L6/T4
	erbost	L7/T1
das	**Erdreich**, -e	L6/T4
	einander **ergänzen**	L3/T2
	ergattern	L3/T4
	sich an etw./jmdm. **ergötzen**	L6/T1
die	**Erheiterung**, -en	L2/T3
	erhellend	L8/T4
	erkundigen	L5/T1
	erlangen	L1/T4
	erläutern	L1/T2
	erliegen	L6/T2
	ermahnen	L8/T4
die	**Ernte**, -n	L4/T5
	erobern	L4/T4
	ersuchen	L1/T4
	sich **erübrigen**	L7/T1
	etw. in **Erwägung** ziehen	L4/T1
	erzürnen	L4/T2
die	**Etikette**, -n	L5/T3
	exquisit	L4/T2

F

	fabelhaft	L4/T3
	fachsimpeln	L1/T1
	die **Fassung** behalten	L6/T2
	fasten	L2/T2
	feige	L2/T3
der	**Feigling**, -e	L3/T2
	fernbleiben	L2/T4
	fesseln	L5/T4
das	**Festmahl**, -e/⸚er	L2/T3
	jmdn. **festnehmen**	L2/T2
die	**Findigkeit** (nur Sg.)	L2/T3
	flanieren	L4/T2
	flink	L3/T3
	flitzen	L7/T2
	florieren	L4/T1
das	**Flussbett**, -en	L6/T4

die	**Folgegeneration**, -en	L1/T2
	folgerichtig	L5/T4
	ohne **Frage**	L1/T2
	auf **frischer** Tat ertappt	L8/T1

G

	jmdm. den **Garaus** machen	L7/T2
	garstig	L6/T2
der	**Gatte**, -n	L4/T4
	gebühren	L1/T2
	gebührend	L5/T1
	sich mit einem **Gedanken** anfreunden	L8/T6
	jmds. **gedenken**	L7/T3
der	**Gefallen** (meist Sg.)	L4/T3
	sich etw. **gefallen** lassen	L4/T1
das	**Gefecht**, -e	L6/T3
das	**Gefolge**, -	L2/T3
der	**Gegenzug**, ¨e	L5/T3
	wie **gehabt**	L8/T3
das	**Geheiß** (nur Sg.)	L2/T3
	gehoben	L2/T3
	etw./jmdm. **Gehör** schenken	L7/T1
	geistreich	L8/T3
das	**Gemach**, ¨er	L4/T1
	von etw. **genug** haben	L8/T1
	von etw. **geprägt** sein	L7/T1
	geringschätzen	L6/T2
	nicht im **Geringsten**	L2/T1
	gerissen	L4/T4
der/die	**Gesandte**	L2/T1
das	**Geschwätz** (nur Sg.)	L2/T4
	jmdn. zu **Gesicht** bekommen	L2/T4
die	**Gestalt**, -en	L3/T1
	Gewinn herausschlagen	L3/T2
das	**Gewissen**, -	L4/T2
das	**Gewusel** (nur Sg.)	L4/T3
	sich **geziemen**	L5/T3
die	**Gier** (nur Sg.)	L7/T4
	Gnade walten lassen	L6/T2
die	**Gottesanbeterin**, -nen	L8/T1
der	**Greis**, -e	L1/T4
	grinsen	L1/T2
das	**Grinsen** (nur Sg.)	L8/T2
	etw. als **Grund** vorschieben	L7/T3
	gurren	L7/T2
	guter Glaube	L2/T1

H

	habhaft werden	L2/T1
die	**Habseligkeit**, -en	L8/T6
der	**Halunke**, -n	L8/T2
der	**Hausarrest**, -e	L5/T4
	häuten	L7/T1
das	**Heer**, -e	L2/T4
der	**Hefekloß**, ¨e	L7/T3
der	**Hegemon**, -en	L5/T1
	hegen	L6/T2
	sich zu etw. **herablassen**	L2/T3
die	**Herangehensweise**, -n	L6/T4
	herausstechen	L4/T1
	über jmdn.	

	hereinbrechen	L7/T2
der	**Herumtreiber**, -	L8/T6
	herzlich	L7/T1
	hinreißend	L4/T2
	hinrichten	L3/T2
	im **Hinterkopf** behalten	L8/T4
	hitzig	L4/T1
der	**Hochmut** (nur Sg.)	L6/T3
	hoheitlich	L4/T2
	jmdn. die **Hölle** heißmachen	L5/T4
die	**Hunnen** (Pl.)	L6/T3

I

der	**Impuls**, -e	L6/T1
	innehaben	L2/T4
	innewohnen	L3/T1
	inspizieren	L8/T5
	inständig	L5/T1
die	**Intrige**, -n	L6/T2

J

	jäten	L5/T1
	jauchzen	L6/T1

K

die	**Kammerdienerin**, -nen	L5/T2
der	**Kanzler**, -	L2/T4
	kapitulieren	L4/T2
der	**Karpfen**, -	L6/T4
	katapultieren	L7/T2
der	**Klassiker**, -	L5/T3
	die **klirrende Kälte**	L5/T3
der	**Kobold**, -e	L3/T4
	kollabieren	L3/T4
die	**Konkubine**, -n	L2/T1
	sich den **Kopf** zerbrechen	L8/T6
	kopfüber	L8/T3
die	**Kornelkirsche**, -n	L7/T2
	krakelig	L8/T6
der	**Kranich**, -e	L7/T2
der	**Kreisamtmann**, ¨er	L8/T1
	krönen	L3/T2
die	**Krönung**, -e	L6/T2
	kultivieren	L1/T2
der	**Kumpane**, -n	L6/T1
	kundtun	L4/T1
die	**Kuriosität**, -en	L4/T2

L

das	**Laster**, -	L5/T1
	lauschen	L3/T1
	ums **Leben** kommen	L3/T2
	sich etw. **leisten** können	L2/T1
	jmdm. eine **Lektion** erteilen	L8/T2
	jmdm. die **Leviten** lesen	L6/T2
	jmdn. hinter das **Licht** führen	L2/T2
	lichterloh	L6/T2
	an etw./jmdm. **liegen** (es)	L8/T4
	linksherum	L8/T4
die	**List**, -en	L7/T1
	lodern	L6/T2

M

die	**Machenschaft**, -en	L7/T3
das	**Machtstreben**	

	(nur Sg.)	L4/T4
	meditieren	L5/T3
die	**Memoranden** (Pl.)	L6/T2
der	**Mentor**, -en	L1/T4
die	**Metapher**, -n	L6/T3
der	**Mönchspfeffer**	L2/T4
der	**Mühlstein**, -e	L7/T4
die	**Muße** (nur Sg.)	L5/T1
	mustern	L2/T1

N

die	**Nachsicht** (nur Sg.)	L5/T4
	die **Nacht** durchmachen	L7/T3
	nachvollziehen	L1/T2
	jmdn. an der **Nase** herumführen	L2/T2
	nebenan	L8/T6
	etw. auf sich **nehmen**	L1/T4
	niedergeschlagen	L8/T2
	niederknien	L7/T2
	sich **niederlassen**	L4/T4
	niederträchtig	L7/T1
	nobel	L6/T3
die	**Nomenklatur**, -en	L1/T2
die	**Nüstern** (Pl.)	L7/T2

O

der	**Oberbefehlshaber**, -	L2/T3
	die **Oberhand** gewinnen	L2/T3
	etw./jmdm. zum **Opfer** fallen	L6/T2
die	**Opfergabe**, -n	L7/T1

P

die	**Peitsche**, -n	L2/T4
	peitschen	L6/T4
der	**Pfeffersack**, ¨e	L8/T2
der	**Pfeiler**, -	L2/T1
	pfiffig	L3/T3
	pflücken	L8/T1
der	**Pflug**, ¨e	L4/T5
die	**Pietät**, -en	L5/T2
	für etw. **plädieren**	L1/T1
	plagen	L7/T2
	posthum	L1/T2
die	**Präfektur**, -en	L8/T5
	prägen	L1/T4
	prahlen	L6/T3
	präzise	L1/T4
	preisen	L5/T2
	auf die **Probe** stellen	L6/T2
	Probleme bereiten	L4/T4
der	**Prunk** (nur Sg.)	L4/T2
der	**Putsch**, -e	L4/T4

R

	rammen	L8/T6
die	**Rangfolge**, -n	L2/T4
	ratlos	L2/T1
	rebellieren	L4/T2
der	**Recke**, -n	L7/T2
	das **rege** Treiben	L6/T1
	regungslos	L4/T2
	Reißaus nehmen	L7/T2
	jmdm. **Respekt** zollen	L1/T4
	robust	L1/T3
der	**Rubinschwefel**	L7/T1
	rückständig	L1/T4
	rügen	L1/T1
	rühmlich	L2/T4

die	**Rührung**, -en	L5/T3
	über die **Runden** kommen	L7/T2
	runzeln	L5/T1
	in einem **Rutsch**	L6/T2

S

	bei der **Sache** bleiben	L6/T1
die	**Sänfte**, -n	L6/T1
der	**Sarg**, ¨e	L4/T5
	sich **sattsehen**	L4/T2
die	**Scham** (nur Sg.)	L1/T2
	um sich **scharen**	L1/T2
der	**Scharfsinn** (nur Sg.)	L2/T3
	etw. zu **schätzen** wissen	L4/T1
	schäumen	L6/T4
das	**Schauspiel**, -e	L2/T3
	schelmisch	L7/T2
die	**Scherbe**, -n	L8/T3
	schief	L4/T5
die	**Schlacht**, -en	L2/T4
	schlichten	L7/T3
	um jmdn. **schlimm** bestellt sein (es)	L7/T2
	schlottern	L5/T3
	schluchzen	L6/T2
	zu dem **Schluss** kommen, dass ...	L4/T3
	schmeicheln	L4/T3
der	**Schnabel**, ¨	L3/T3
	sich **schnäuzen**	L6/T3
das	**Schneetreiben**, -	L5/T3
	schöpfen	L4/T5
	schüren	L7/T1
die	**Schürze**, -n	L3/T3
die	**Schwalbe**, -n	L3/T3
	den Blick **schweifen** lassen	L4/T2
der	**Schweinepriester**	L4/T1
	in aller **Seelenruhe**	L5/T3
die	**Sehne**, -n	L7/T1
	seicht	L3/T1
die	**Selbstgefälligkeit** (nur Sg.)	L1/T2
die	**Seuche**, -n	L7/T2
	sieben	L6/T2
die	**Siebensachen** (Pl.)	L7/T2
das	**Siechtum** (nur Sg.)	L7/T2
	sieden	L6/T2
der	**Sitz**, -e	L5/T3
	für etw. **sorgen**	L1/T1
	spähen	L8/T6
der	**Speer**, -e	L7/T2
	jmdm. die **Sprache** verschlagen (es)	L8/T2
der	**Spross**, -e(n)	L3/T3
die	**Standfestigkeit** (nur Sg.)	L4/T5
die	**Stauung**, -en	L6/T4
	aus dem **Stegreif**	L6/T2
die	**Steinwalze**, -n	L7/T4
	auf dem **Sterbebett**	L3/T1
	auf etw. **stoßen**	L1/T3
die	**Strapaze**, -n	L7/T2
der	**Streithahn**, ¨e	L5/T4
die	**Stube**, -n	L5/T3
der	**Sud**, -e	L5/T2

T

	tabu	L6/T2
	tadeln	L2/T4
das	**Tael**, -s	L8/T6
die	**Tapferkeit** (nur Sg.)	L2/T3

	sich in etw./jmdm. **täuschen**	L1/T4
	(den **Teig**) gehen lassen	L7/T3
der	**Thronfolger**, -	L4/T4
das	**Trara** (nur Sg.)	L6/T1
die	**Trauerfeier**, -n	L5/T1
der	**Triumph**, -e	L4/T2
die	**Trümmer** (Pl.)	L3/T4
	tüchtig	L3/T3
die	**Tugend**, -en	L3/T2
	sich **tummeln**	L3/T4

U

	überdenken	L4/T2
	überspülen	L6/T4
	übertreffen	L1/T2
der	**Umgang**, ¨e	L2/T4
	umgarnen	L5/T1
	mit etw. **umgehen**	L6/T1
	umstimmen	L4/T2
	unablässig	L3/T1
	unbeschwert	L2/T2
	unermesslich	L2/T1
	unfehlbar	L6/T2
	ungeachtet dessen	L4/T1
	ungehalten	L4/T5
	ungehobelt	L4/T1
das	**Ungetüm**, -e	L7/T2
	jmdn. in **Ungnade** bringen	L7/T1
das	**Unkraut**, ¨er	L8/T6
	im **Unrecht** sein	L2/T1
	unsinnig	L8/T4
die	**Untat**, -en	L4/T5
	unterdrücken	L6/T2
das	**Unterfangen**, -	L6/T4
	ohne **Unterlass**	L5/T2
	jmdn. über etw. / von etw. **unterrichten**	L7/T2
	untertauchen	L3/T2
die	**Unterweisung**, -en	L1/T2
	unterwerfen	L4/T4
	unverblümt	L4/T1
	unvermittelt	L1/T1
	unversehens	L1/T4
	unverzüglich	L2/T1
	unvoreingenommen	L1/T2
	sein **Unwesen** treiben	L4/T5
	eine **Unzahl** von	L1/T3
der	**Urvater**, ¨	L5/T3

V

	verabreden	L3/T1
	verachtenswert	L2/T4
	jmdn. zu etw. **veranlassen**	L4/T3
	verbannen	L7/T3
die	**Verbannung**, -en	L5/T1
	verbergen	L8/T1
die	**Verbeugung**, -en	L1/T4
	sich **verdienstlich** machen	L2/T4
	verdutzt	L5/T3
die	**Vergebung**, -en	L2/T4
	vergelten	L4/T2
	vergönnen	L5/T1
	verharren	L7/T2
	verheerend	L6/T4
	jmdm. zu etw. **verhelfen**	L7/T4
	verhindern	L4/T4
das	**Verhör**, -e	L6/T2

	sich **verkleiden**	L4/T5
	verleihen	L1/T2
	vermessen	L8/T5
	vermögen	L2/T1
	ein **Vermögen** machen	L8/T2
	verneigen	L2/T2
der	**Verrat** (nur Sg.)	L5/T1
der	**Verräter**, -	L5/T1
	verriegeln	L7/T2
	verrotten	L8/T2
der	**Vers**, -e	L3/T1
	versengen	L6/T4
	verspielen	L5/T1
	verspielen	L4/T2
	sich auf etw. **verstehen**	L2/T3
	verwalten	L4/T4
	verweilen	L4/T2
	verzeihen	L3/T2
	vollends	L4/T3
	vollführen	L1/T4
	vorbeugen	L6/T4
	vorgeben	L2/T4
die	**Vormacht** (nur Sg.)	L7/T1
das	**Vorzeichen**, -	L5/T3
	vorziehen	L1/T4

W

die	**Wange**, -n	L4/T2
	in die **Wege** leiten	L6/T2
	bei **Weitem** nicht	L4/T3
	weitergeben	L1/T4
	weitreichend	L1/T2
	weitsichtig	L2/T1
der	**Wellengang**, ¨-e	L3/T1
	meine **Wenigkeit**	L5/T1
das	**Wesen**, -	L6/T3
	widerstreben	L2/T3
	widerwillig	L2/T3
	sich etw. **widmen**	L4/T5
	willens sein	L2/T2
	von etw. **Wind** bekommen	L7/T3
	in **Windeseile**	L2/T4
die	**Wissenslücke**, -n	L1/T2
	wohlgemeint	L8/T6
	wohlgemut	L7/T2
	wohlhabend	L3/T2
die	**Wohnstatt**	L5/T4
	sein **Wort** halten	L2/T1
die	**Wortgewandtheit**	L2/T3
	wuchern	L8/T6
der	**Wucherzins**, -e(n)	L8/T2
	vor **Wut** schäumen	L2/T2

Z

	das **Zeitliche** segnen	L5/T3
	zeitweilig	L6/T2
	zerschmettern	L3/T1
	zeugen	L4/T4
das	**Zeugnis**, -se	L1/T3
der	**Ziegelstein**, -e	L7/T4
die	**Zikade**, -n	L8/T1
die	**Zither**, -n	L1/T1
der	**Zopf**, ¨-e	L1/T3
	zornig	L2/T1
der	**Zufall**, ¨-e	L4/T3
	jmdm. **zunicken**	L7/T2
	zurechtschneiden	L1/T3
	zurücklegen	L1/T4
	zurückweisen	L2/T3
die	**Zusammenkunft**, ¨-e	L2/T3
	zusammentrommeln	L7/T2

	jmdm. **zustehen**	L3/T2
	jmdm. **zuteilwerden**	L6/T2
die	**Zuwiderhandlung**, -en	L4/T2
der	**Zwist**, -e	L5/T4
die	**Zypresse**, -n	L7/T2